Einstern

1

Themenheft 4

- ★ Rechnen bis 20
- ★ Sachaufgaben ★ Geld

Erarbeitet von Roland Bauer und Jutta Maurach

In Zusammenarbeit mit der Redaktion Mathematik Grundschule

Cornelsen

Inhaltsverzeichnis

1 Verdopple.

Das kannst du schon!

$5 + 5 =$ `1 0` $10 + 10 =$ ☐☐

$8 + 8 =$ ☐☐ $9 + 9 =$ ☐☐

$6 + 6 =$ ☐☐ $7 + 7 =$ ☐☐

2 Halbiere.

$18 - 9 =$ ☐ $8 - 4 =$ ☐ $20 - 10 =$ ☐☐

$14 - 7 =$ ☐ $16 - 8 =$ ☐ $10 - 5 =$ ☐

$4 - 2 =$ ☐ $12 - 6 =$ ☐ $6 - 3 =$ ☐

3 Verliebte Zahlen: Finde die andere Zahl.

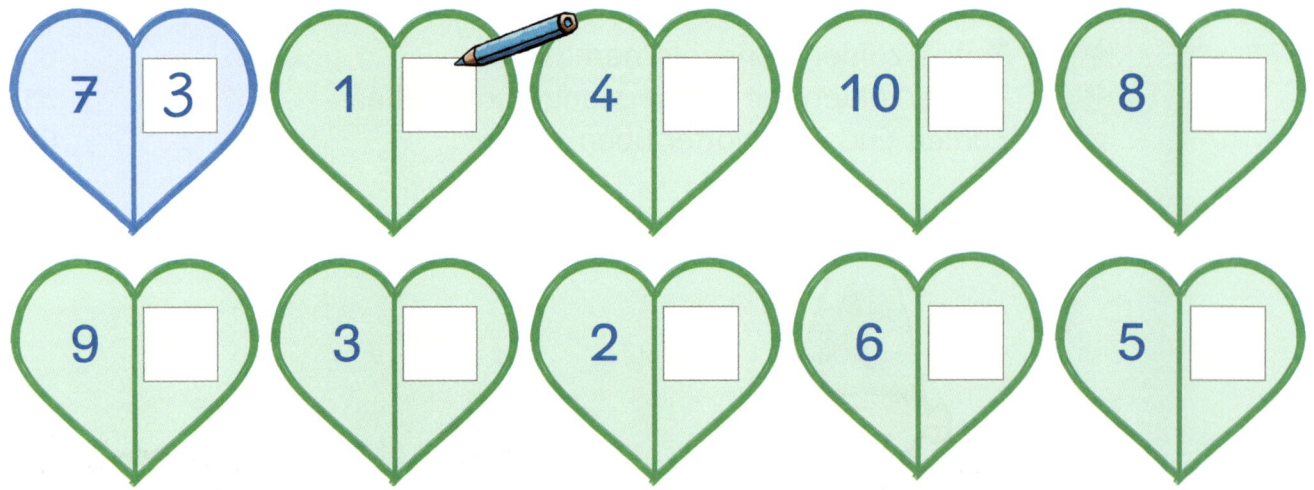

7 | 3   1 | ☐   4 | ☐   10 | ☐   8 | ☐

9 | ☐   3 | ☐   2 | ☐   6 | ☐   5 | ☐

4 Löse die Plus- und Minusaufgaben mit 10.

$3 +$ ☐ $= 10$ $10 -$ ☐ $= 4$ $10 + 8 =$ ☐☐

$5 +$ ☐ $= 10$ $10 -$ ☐ $= 7$ $15 - 5 =$ ☐☐

$1 +$ ☐ $= 10$ $10 -$ ☐ $= 2$ $17 - 7 =$ ☐☐

$5 + 4 = 9$

$5 + 5 = 10$

$5 + 6 = 11$

Das sind **Nachbaraufgaben** von 5 + 5.

1 Schreibe die Nachbaraufgaben auf und löse sie.

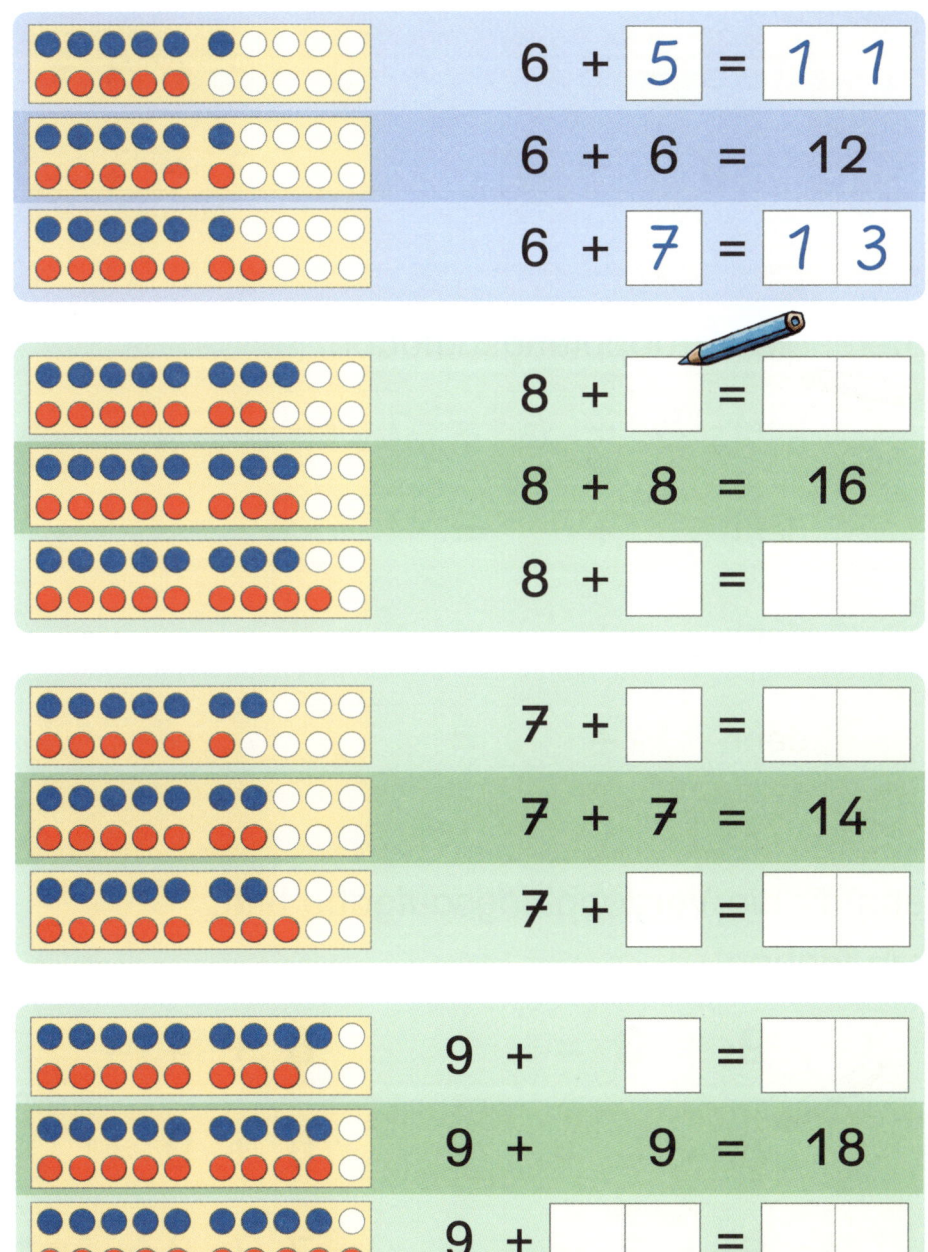

$6 + \boxed{5} = \boxed{1\ 1}$

$6 + 6 = 12$

$6 + \boxed{7} = \boxed{1\ 3}$

$8 + \boxed{} = \boxed{}$

$8 + 8 = 16$

$8 + \boxed{} = \boxed{}$

$7 + \boxed{} = \boxed{}$

$7 + 7 = 14$

$7 + \boxed{} = \boxed{}$

$9 + \boxed{} = \boxed{}$

$9 + 9 = 18$

$9 + \boxed{} = \boxed{}$

1 Löse zuerst die Verdopplungsaufgabe.
Löse danach die beiden Nachbaraufgaben.

5 + 4 =	9
5 + 5 =	1 0
5 + 6 =	

6 + 5 =	
6 + 6 =	
6 + 7 =	

4 + 3 =	
4 + 4 =	
4 + 5 =	

7 + 6 =	
7 + 7 =	
7 + 8 =	

8 + 7 =	
8 + 8 =	
8 + 9 =	

3 + 2 =	
3 + 3 =	
3 + 4 =	

2 Finde und löse zuerst die Verdopplungsaufgabe.

8 + 7 = ⬚ , denn 8 + 8 = 1 6

5 + 6 = ⬚ , denn ⬚ + ⬚ = ⬚

7 + 8 = ⬚ , denn ⬚ + ⬚ = ⬚

6 + 7 = ⬚ , denn ⬚ + ⬚ = ⬚

3 Unterstreiche, wenn dir die Verdopplungsaufgabe hilft.
Löse dann diese Aufgaben.

7 + 6 = 1 3   9 + 3 = ⬚   8 + 4 = ⬚

6 + 4 = ⬚   8 + 6 = ⬚   8 + 9 = ⬚

8 + 7 = ⬚   6 + 7 = ⬚   7 + 3 = ⬚

★ Verdopplungs- und Nachbaraufgaben lösen
★ Verdopplungsaufgaben als Rechenhilfe nutzen ★ Aufgaben, bei denen die Verdopplungsaufgabe beim Rechnen hilft, mit oder ohne Lineal unterstreichen

1 Rechne zuerst die Plus-10-Aufgabe.

$2 + 10 = \boxed{1\ 2}$

$2 + 9 = \boxed{1\ 1}$

Hier kann auch die **Tauschaufgabe** helfen.

$3 + 10 = \boxed{}$

$3 + 9 = \boxed{}$

$5 + 10 = \boxed{}$

$5 + 9 = \boxed{}$

$7 + 10 = \boxed{}$

$7 + 9 = \boxed{}$

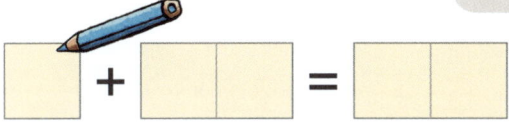

$\boxed{} + \boxed{} = \boxed{}$

$8 + 9 = \boxed{}$

$\boxed{} + \boxed{} = \boxed{}$

$4 + 9 = \boxed{}$

2 Rechne zuerst die 10-plus-Aufgabe.

$10 + 7 = \boxed{1\ 7}$

$9 + 7 = \boxed{}$

$10 + 8 = \boxed{}$

$9 + 8 = \boxed{}$

$10 + 5 = \boxed{}$

$9 + 5 = \boxed{}$

$10 + 9 = \boxed{}$

$9 + 9 = \boxed{}$

$\boxed{} + \boxed{} = \boxed{}$

$9 + 4 = \boxed{}$

$\boxed{} + \boxed{} = \boxed{}$

$9 + 6 = \boxed{}$

3 Erkläre einem anderen Kind, wie du Plusaufgaben mit 9 leichter rechnen kannst.

⋆ vorteilhaftes Rechnen bei Plusaufgaben mit 9 kennenlernen
⋆ SF: vorteilhaftes Rechnen mit 9 beschreiben

1 Rechne bis 10 und dann weiter.

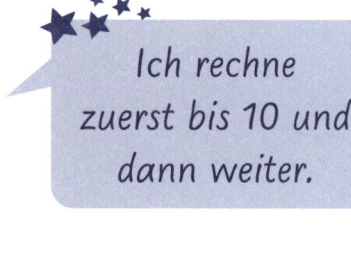

Ich rechne zuerst bis 10 und dann weiter.

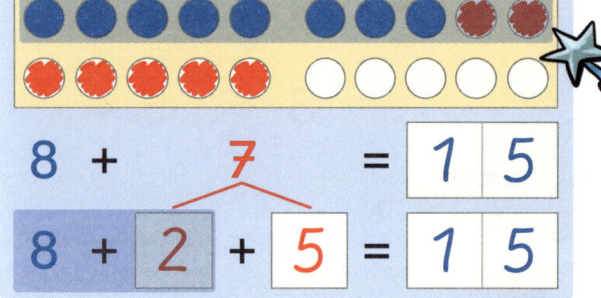

$8 + 7 = 15$

$8 + 2 + 5 = 15$

$7 + 5 = \boxed{}$

$7 + \boxed{} + \boxed{} = \boxed{}$

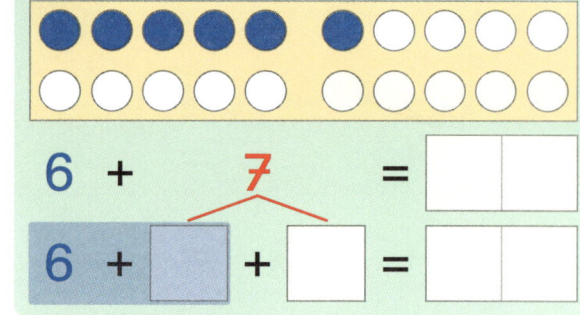

$6 + 7 = \boxed{}$

$6 + \boxed{} + \boxed{} = \boxed{}$

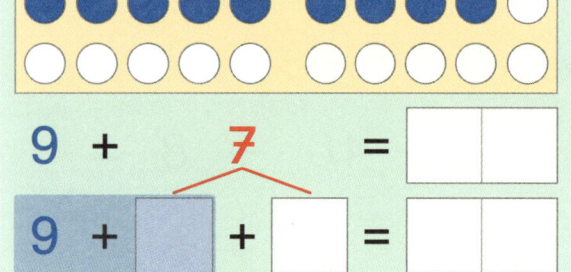

$9 + 7 = \boxed{}$

$9 + \boxed{} + \boxed{} = \boxed{}$

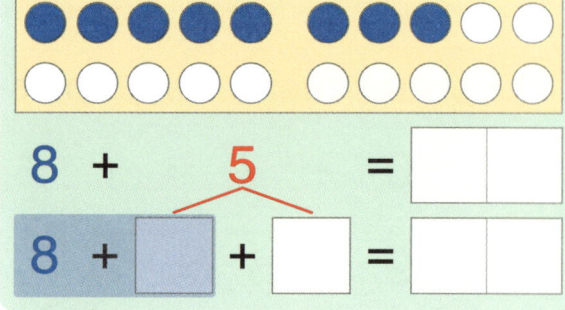

$8 + 5 = \boxed{}$

$8 + \boxed{} + \boxed{} = \boxed{}$

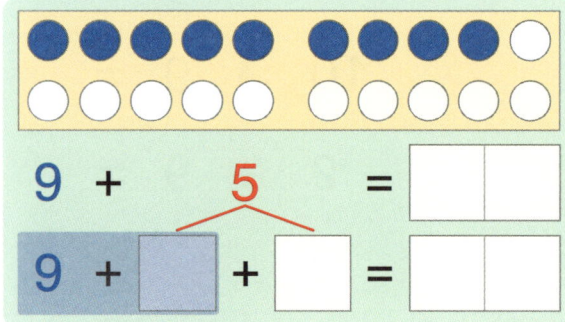

$9 + 5 = \boxed{}$

$9 + \boxed{} + \boxed{} = \boxed{}$

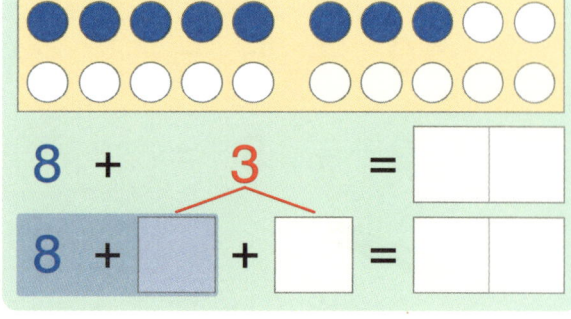

$8 + 3 = \boxed{}$

$8 + \boxed{} + \boxed{} = \boxed{}$

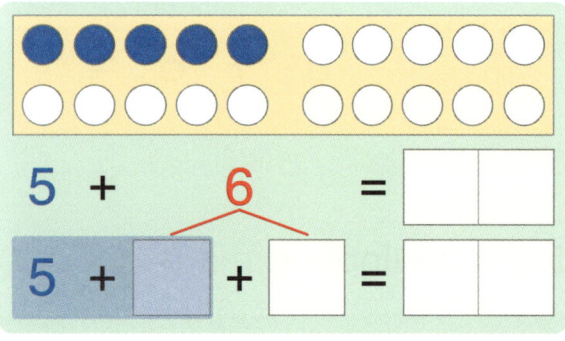

$5 + 6 = \boxed{}$

$5 + \boxed{} + \boxed{} = \boxed{}$

$6 + 8 = \boxed{}$

$6 + \boxed{} + \boxed{} = \boxed{}$

★ mithilfe von Zwanzigerfeldern die Strategie „bis 10 und dann weiter" kennenlernen
★ Zerlegung des zweiten Summanden im Zwanzigerfeld eintragen und ablesen

2 Rechne bis 10 und dann weiter.

Und wieder rechne ich bis 10 und dann weiter.

$9 + 6 = 1\ 5$
$9 + 1 + 5 = 1\ 5$

$4 + 9 = \boxed{}\ \boxed{}$
$4 + \boxed{} + \boxed{} = \boxed{}\ \boxed{}$

$7 + 8 = \boxed{}\ \boxed{}$
$7 + \boxed{} + \boxed{} = \boxed{}\ \boxed{}$

$9 + 9 = \boxed{}\ \boxed{}$
$9 + \boxed{} + \boxed{} = \boxed{}\ \boxed{}$

$6 + 5 = \boxed{}\ \boxed{}$
$6 + \boxed{} + \boxed{} = \boxed{}\ \boxed{}$

$5 + 8 = \boxed{}\ \boxed{}$
$5 + \boxed{} + \boxed{} = \boxed{}\ \boxed{}$

$9 + 2 = \boxed{}\ \boxed{}$
$9 + \boxed{} + \boxed{} = \boxed{}\ \boxed{}$

$8 + 4 = \boxed{}\ \boxed{}$
$8 + \boxed{} + \boxed{} = \boxed{}\ \boxed{}$

$7 + 9 = \boxed{}\ \boxed{}$
$7 + \boxed{} + \boxed{} = \boxed{}\ \boxed{}$

$9 + 8 = \boxed{}\ \boxed{}$
$9 + \boxed{} + \boxed{} = \boxed{}\ \boxed{}$

3 Finde selbst Aufgaben und löse sie.

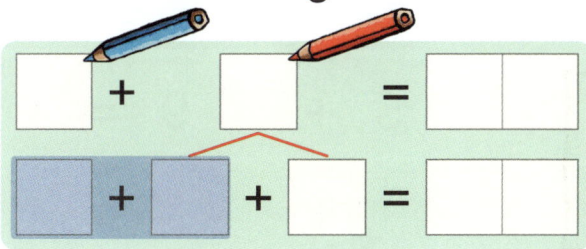

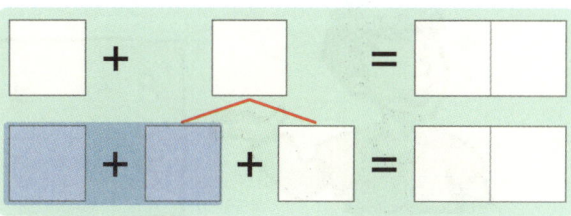

★ mit der Strategie „bis 10 und dann weiter" Plusaufgaben lösen
★ zur Strategie „bis 10 und dann weiter" selbst passende Aufgaben finden

ÜH 50   9

1 Rechne wie die Kinder.

Ich rechne zuerst bis 10 und dann weiter.

$7 + 5 = 12$
$7 + 3 + 2 = 12$

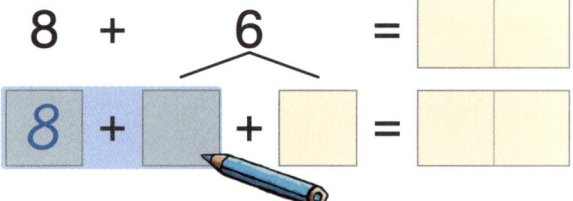

$8 + 6 = \boxed{}$

$8 + \boxed{} + \boxed{} = \boxed{}$

Ich nutze die Tauschaufgabe.

$3 + 8 = 11$
$8 + 3 = 11$

$4 + 7 = \boxed{}$

$\boxed{} + \boxed{} = \boxed{}$

Mir hilft die Nachbaraufgabe.
Sie ist eine Verdopplungsaufgabe und die weiß ich auswendig.

$6 + 7 = 13$
$6 + 6 = 12$

$7 + 8 = \boxed{}$

$\boxed{} + \boxed{} = \boxed{}$

Ich rechne zuerst +10.

$8 + 9 = 17$
$8 + 10 = 18$

$5 + 9 = \boxed{}$

$\boxed{} + \boxed{} = \boxed{}$

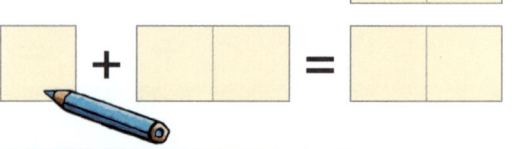

★ verschiedene Rechenwege nachvollziehen und übertragen

1 Nutze die Verdopplungsaufgabe als Rechenhilfe.

5 + 6 = [ ][ ] , denn 5 + 5 = 1 0

6 + 7 = [ ][ ] , denn [ ] + [ ] = [ ][ ]

8 + 7 = [ ][ ] , denn [ ] + [ ] = [ ][ ]

Die Strategien helfen dir.

2 Rechne zuerst die Aufgabe mit 10.

9 + 3 = [ ][ ] , denn 1 0 + 3 = 1 3

9 + 8 = [ ][ ] , denn [ ][ ] + [ ] = [ ][ ]

7 + 9 = [ ][ ] , denn [ ][ ] + [ ] = [ ][ ]

3 Nutze die Tauschaufgabe.

4 + 9 = [ ][ ] , denn 9 + 4 = 1 3

3 + 8 = [ ][ ] , denn [ ] + [ ] = [ ][ ]

4 + 7 = [ ][ ] , denn [ ] + [ ] = [ ][ ]

4 Rechne bis 10 und dann weiter.

7 + 5 = [ ][ ]
7 + 3 + [ ] = [ ][ ]

8 + 6 = [ ][ ]
8 + [ ] + [ ] = [ ][ ]

5 + 8 = [ ][ ]
5 + [ ] + [ ] = [ ][ ]

4 + 8 = [ ][ ]
4 + [ ] + [ ] = [ ][ ]

1 Rechne geschickt.

Kreuze an, wie du rechnest. Schreibe deine Rechnung auf.

---

3 + 8 = ☐☐

○ mit der Nachbaraufgabe
○ bis 10 und dann weiter
✕ mit der Tauschaufgabe
○ zuerst +10

---

7 + 6 = ☐☐

○ mit der Nachbaraufgabe
○ bis 10 und dann weiter
○ mit der Tauschaufgabe
○ zuerst +10

---

6 + 9 = ☐☐

○ mit der Nachbaraufgabe
○ bis 10 und dann weiter
○ mit der Tauschaufgabe
○ zuerst +10

---

6 + 5 = ☐☐

○ mit der Nachbaraufgabe
○ bis 10 und dann weiter
○ mit der Tauschaufgabe
○ zuerst +10

---

9 + 8 = ☐☐

○ mit der Nachbaraufgabe
○ bis 10 und dann weiter
○ mit der Tauschaufgabe
○ zuerst +10

---

2 + 9 = ☐☐

○ mit der Nachbaraufgabe
○ bis 10 und dann weiter
○ mit der Tauschaufgabe
○ zuerst +10

★ aufgabenbezogen geeignete Rechenstrategien zum vorteilhaften Rechnen auswählen

Plusaufgaben lösen

1 Löse die Aufgaben.

> Ich nutze immer den besten Rechenweg!

$5 + 6 = \boxed{1}\,\boxed{1}$ $4 + 9 = \boxed{}\,\boxed{}$ $8 + 6 = \boxed{}\,\boxed{}$

$6 + 6 = \boxed{}\,\boxed{}$ $7 + 8 = \boxed{}\,\boxed{}$ $7 + 9 = \boxed{}\,\boxed{}$

$9 + 3 = \boxed{}\,\boxed{}$ $5 + 7 = \boxed{}\,\boxed{}$ $9 + 2 = \boxed{}\,\boxed{}$

2 Übertrage die Aufgaben ins Heft und löse sie.

Seite 13 Aufgabe 2

$5 + 8 = 13$ $6 + 8 =$ $7 + 4 =$

$6 + 7 =$ $7 + 5 =$ $9 + 8 =$

$9 + 4 =$ $9 + 9 =$ $8 + 7 =$

$6 + 5 =$ $8 + 4 =$ $7 + 6 =$

3 Finde passende Plusaufgaben.

$\boxed{} + \boxed{} = 11$ $\boxed{} + \boxed{} = 13$ $\boxed{} + \boxed{} = 15$

$\boxed{} + \boxed{} = 12$ $\boxed{} + \boxed{} = 14$ $\boxed{} + \boxed{} = 16$

4 Übe mit einem Partnerkind Plusaufgaben.

8 + 5

8 + 5 = 13

★ aufgabenbezogen geeignete Strategie wählen ★ Aufgaben lösen
★ Hefteintrag üben ★ zum Ergebnis passende Aufgaben finden
★ mit einem Partnerkind und Rechenkärtchen üben

D 59   ÜH 52   B   **13**

12 − 5 = 7

12 − 6 = 6

12 − 7 = 5

Das sind **Nachbaraufgaben** von 12 − 6.

1 Schreibe die Nachbaraufgaben auf und löse sie.

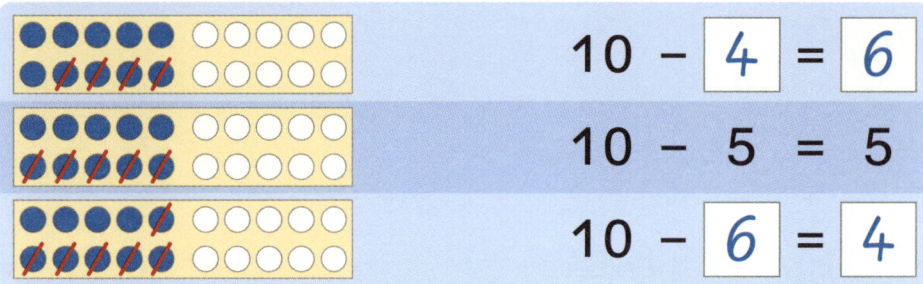

10 − 4 = 6

10 − 5 = 5

10 − 6 = 4

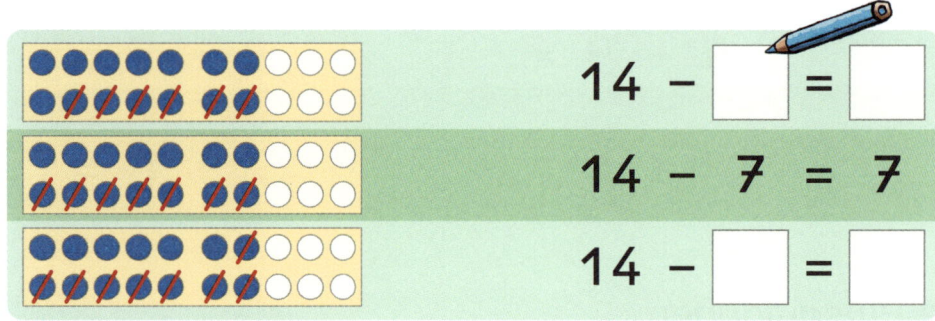

14 − ☐ = ☐

14 − 7 = 7

14 − ☐ = ☐

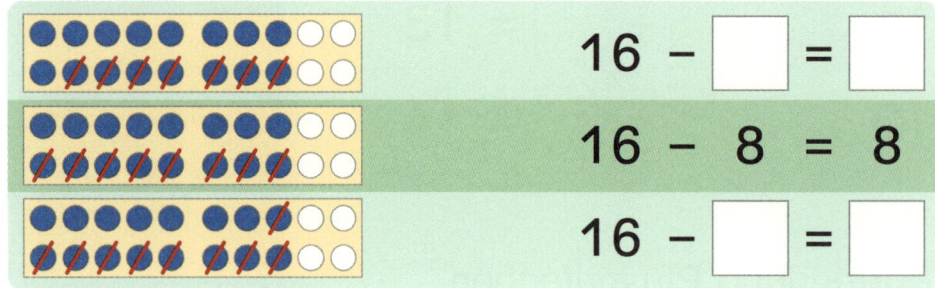

16 − ☐ = ☐

16 − 8 = 8

16 − ☐ = ☐

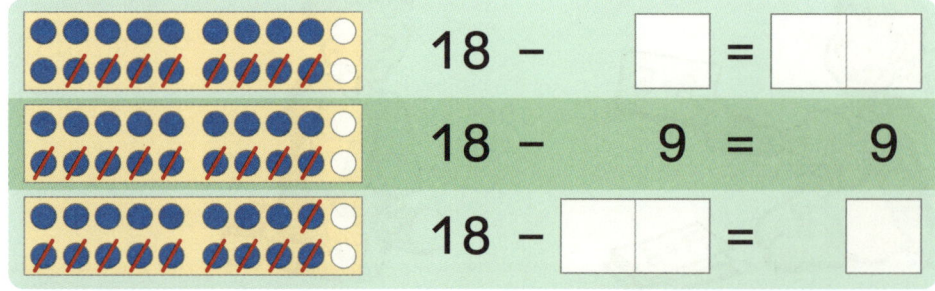

18 − ☐ = ☐

18 − 9 = 9

18 − ☐ = ☐

B

★ Nachbaraufgaben von Halbierungsaufgaben im Zwanzigerfeld bei verändertem Subtrahenden ablesen, notieren und lösen

11 − 6 = 5

12 − 6 = 6

13 − 6 = 7

Das sind **Nachbaraufgaben** von 12 − 6.

---

2 Schreibe die Nachbaraufgaben auf und löse sie.

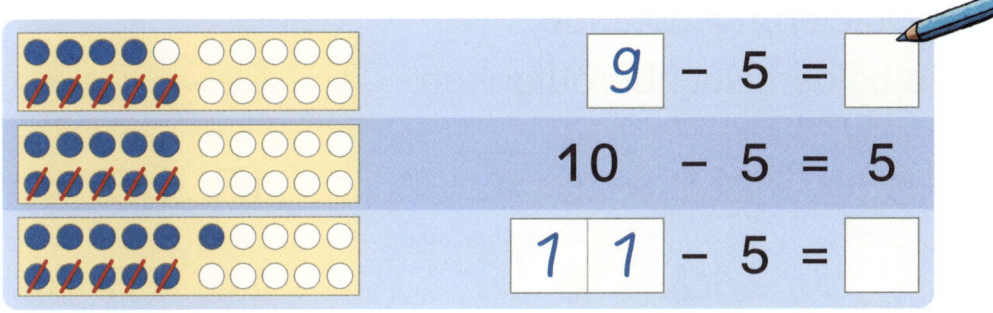

9 − 5 =

10 − 5 = 5

1 1 − 5 =

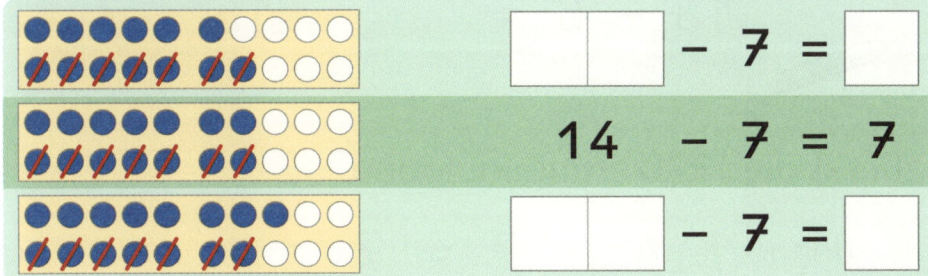

□ □ − 7 = □

14 − 7 = 7

□ □ − 7 = □

□ □ − 8 = □

16 − 8 = 8

□ □ − 8 = □

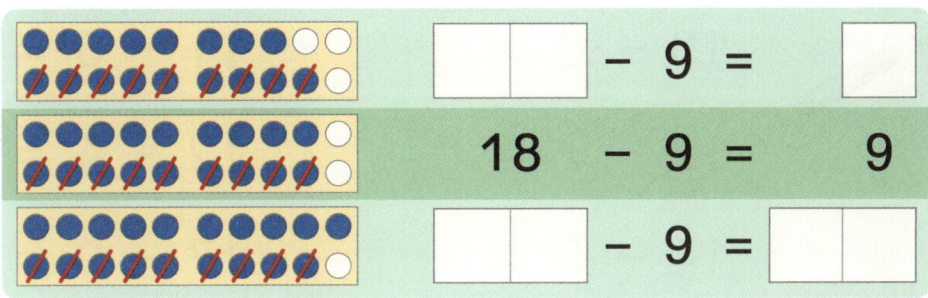

□ □ − 9 = □

18 − 9 = 9

□ □ − 9 = □ □

1 Löse zuerst die Halbierungsaufgabe.
Löse danach die beiden Nachbaraufgaben.

10 – 4 = 6	14 – 6 =	16 – 7 =
10 – 5 = 5	14 – 7 =	16 – 8 =
10 – 6 =	14 – 8 =	16 – 9 =

2 Löse zuerst die Halbierungsaufgabe.
Löse danach die beiden Nachbaraufgaben.

7 – 4 = 3	11 – 6 =	13 – 7 =
8 – 4 = 4	12 – 6 =	14 – 7 =
9 – 4 =	13 – 6 =	15 – 7 =

3 Finde und löse zuerst die Halbierungsaufgabe.

15 – 7 = ☐ , denn 1 4 – 7 = 7

12 – 5 = ☐ , denn ☐☐ – ☐ = ☐

16 – 7 = ☐ , denn ☐☐ – ☐ = ☐

4 Unterstreiche, wenn dir die Halbierungsaufgabe hilft.
Löse dann diese Aufgaben.

<u>15 – 8 = 7</u> 　　15 – 6 = ☐ 　　11 – 5 = ☐

14 – 9 = ☐ 　　12 – 7 = ☐ 　　12 – 4 = ☐

13 – 8 = ☐ 　　14 – 5 = ☐ 　　17 – 9 = ☐

* Halbierungs- und Nachbaraufgaben lösen
* die passenden Halbierungsaufgaben als Rechenhilfe nutzen ∗ Aufgaben, bei denen die
Halbierungsaufgabe beim Rechnen hilft, mit oder ohne Lineal unterstreichen

1 Rechne zuerst die Minus-10-Aufgabe.

$12 - 10 = \boxed{2}$ $\qquad$ $17 - 10 = \boxed{7}$

$12 - 9 = \boxed{3}$ $\qquad$ $17 - 9 = \boxed{}$

$15 - 10 = \boxed{}$ $\qquad$ $13 - 10 = \boxed{}$

$15 - 9 = \boxed{}$ $\qquad$ $13 - 9 = \boxed{}$

$18 - 10 = \boxed{}$ $\qquad$ $11 - 10 = \boxed{}$ $\qquad$ $16 - 10 = \boxed{}$

$18 - 9 = \boxed{}$ $\qquad$ $11 - 9 = \boxed{}$ $\qquad$ $16 - 9 = \boxed{}$

 2 Finde und löse zuerst die Minus-10-Aufgabe.

$\boxed{1}\ \boxed{5} - \boxed{1}\ \boxed{0} = \boxed{}$ $\qquad$ $\boxed{}\ \boxed{} - \boxed{}\ \boxed{} = \boxed{}$

$15 - 9 = \boxed{}$ $\qquad$ $14 - 9 = \boxed{}$

$\boxed{}\ \boxed{} - \boxed{}\ \boxed{} = \boxed{}$ $\qquad$ $\boxed{}\ \boxed{} - \boxed{}\ \boxed{} = \boxed{}$

$17 - 9 = \boxed{}$ $\qquad$ $11 - 9 = \boxed{}$

$\boxed{}\ \boxed{} - \boxed{}\ \boxed{} = \boxed{}$ $\qquad$ $\boxed{}\ \boxed{} - \boxed{}\ \boxed{} = \boxed{}$

$16 - 9 = \boxed{}$ $\qquad$ $12 - 9 = \boxed{}$

 3 Erkläre einem anderen Kind, wie du Minus-9-Aufgaben leichter rechnen kannst.

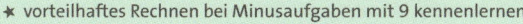

1 Rechne bis 10 und dann weiter.

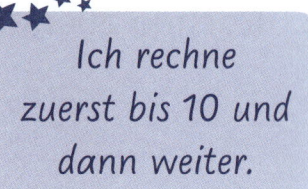

Ich rechne zuerst bis 10 und dann weiter.

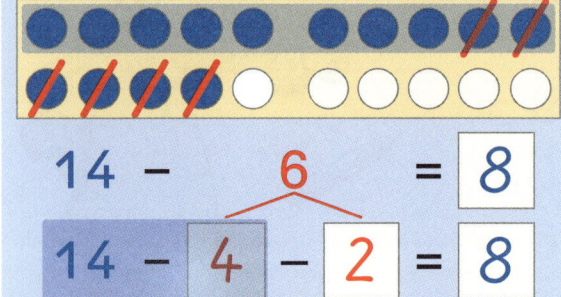

14 − 6 = 8

14 − 4 − 2 = 8

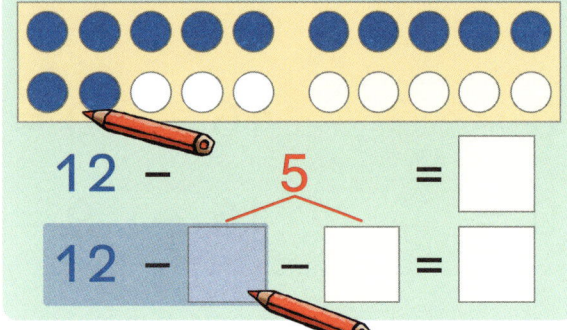

12 − 5 =

12 − ☐ − ☐ =

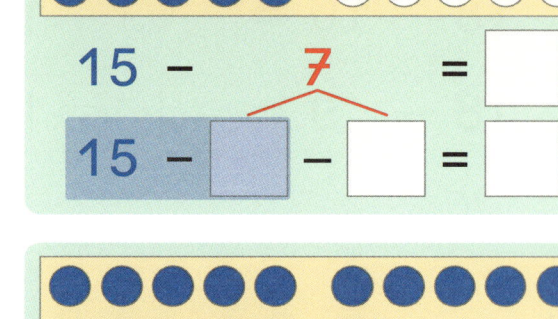

15 − 7 =

15 − ☐ − ☐ =

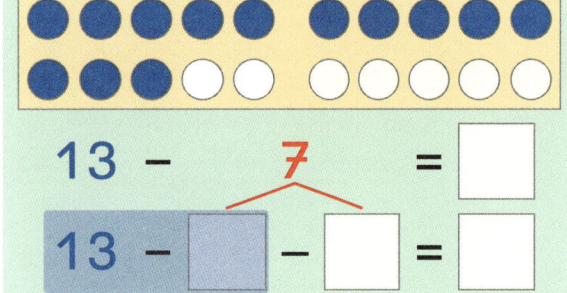

13 − 7 =

13 − ☐ − ☐ =

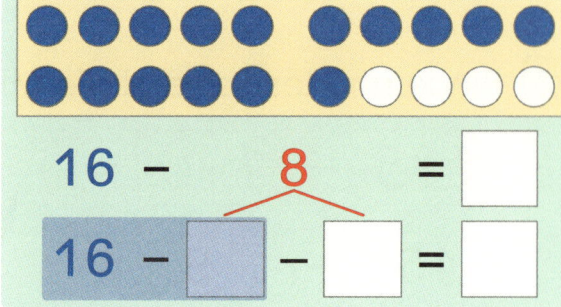

16 − 8 =

16 − ☐ − ☐ =

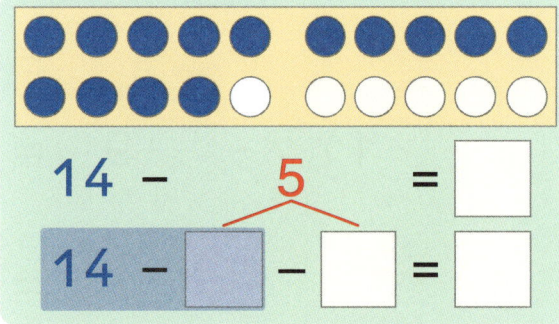

14 − 5 =

14 − ☐ − ☐ =

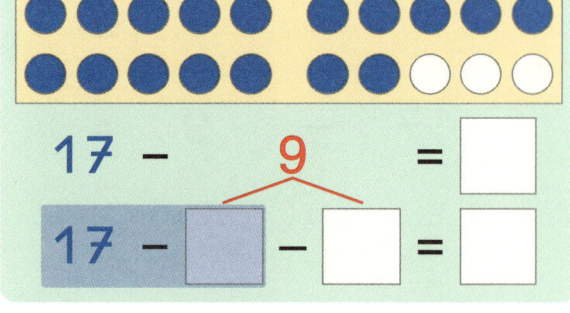

17 − 9 =

17 − ☐ − ☐ =

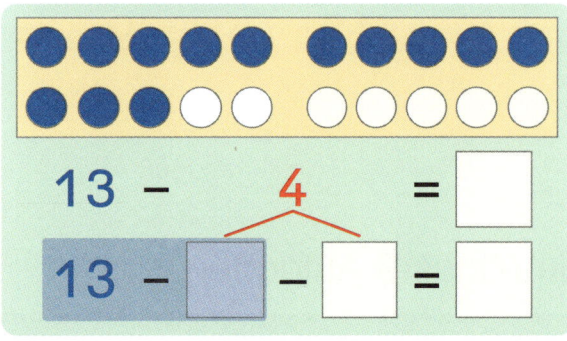

13 − 4 =

13 − ☐ − ☐ =

16 − 9 =

16 − ☐ − ☐ =

B

★ mithilfe von Zwanzigerfeldern die Strategie „bis 10 und dann weiter" kennenlernen
★ Zerlegung des Subtrahenden im Zwanzigerfeld einzeichnen und ablesen

2 Rechne bis 10 und dann weiter.

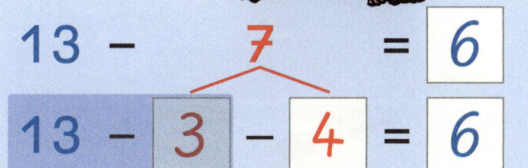

Und wieder rechne ich bis 10 und dann weiter.

13 − 7 = 6
13 − 3 − 4 = 6

12 − 8 = ☐
12 − ☐ − ☐ = ☐

14 − 9 = ☐
14 − ☐ − ☐ = ☐

17 − 8 = ☐
17 − ☐ − ☐ = ☐

13 − 8 = ☐
13 − ☐ − ☐ = ☐

16 − 7 = ☐
16 − ☐ − ☐ = ☐

11 − 7 = ☐
11 − ☐ − ☐ = ☐

12 − 3 = ☐
12 − ☐ − ☐ = ☐

14 − 8 = ☐
14 − ☐ − ☐ = ☐

15 − 6 = ☐
15 − ☐ − ☐ = ☐

3 Finde selbst Aufgaben und löse sie.

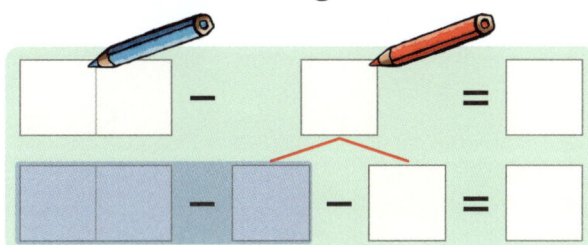

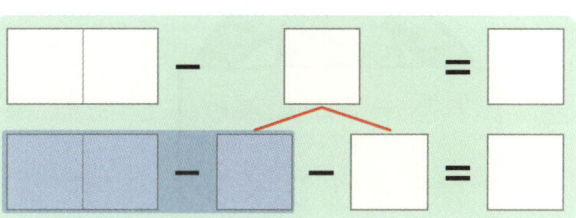

★ mit der Strategie „bis 10 und dann weiter" Minusaufgaben lösen
★ zur Strategie „bis 10 und dann weiter" selbst passende Aufgaben finden

1 Rechne wie die Kinder.

Ich rechne zuerst bis 10 und dann weiter.

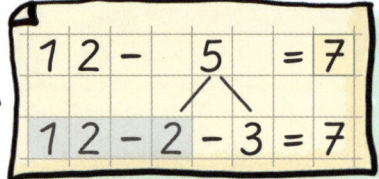

$12 - 5 = 7$

$12 - 2 - 3 = 7$

$13 \quad - \quad 4 \quad =$ ☐

☐ $-$ ☐ $=$ ☐

Mir hilft die Nachbaraufgabe. Sie ist eine Halbierungsaufgabe und die weiß ich auswendig.

$12 - 7 = 5$

$12 - 6 = 6$

$14 \quad - \quad 8 \quad =$ ☐

☐ $-$ ☐ $=$ ☐

Mir hilft auch die Nachbaraufgabe. Sie ist eine Halbierungsaufgabe und die weiß ich auswendig.

$17 - 8 = 9$

$16 - 8 = 8$

$15 \quad - \quad 7 \quad =$ ☐

☐ $-$ ☐ $=$ ☐

Ich rechne zuerst -10.

$15 - 9 = 6$

$15 - 10 = 5$

$17 \quad - \quad 9 \quad =$ ☐

☐ $-$ ☐ $=$ ☐

★ verschiedene Rechenwege nachvollziehen und übertragen

1 Nutze die Halbierungsaufgabe als Rechenhilfe.

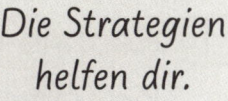
Die Strategien helfen dir.

13 − 6 = ☐ , denn | 1 | 2 | − | 6 | = | 6 |

12 − 5 = ☐ , denn | ☐ | ☐ | − | ☐ | = | ☐ |

15 − 8 = ☐ , denn | ☐ | ☐ | − | ☐ | = | ☐ |

14 − 6 = ☐ , denn | ☐ | ☐ | − | ☐ | = | ☐ |

2 Rechne zuerst die Minus-10-Aufgabe.

15 − 9 = ☐ , denn | 1 | 5 | − | 1 | 0 | = | 5 |

17 − 9 = ☐ , denn | ☐ | ☐ | − | ☐ | ☐ | = | ☐ |

13 − 9 = ☐ , denn | ☐ | ☐ | − | ☐ | ☐ | = | ☐ |

16 − 9 = ☐ , denn | ☐ | ☐ | − | ☐ | ☐ | = | ☐ |

3 Rechne bis 10 und dann weiter.

13 − 5 = ☐
13 − 3 − ☐ = ☐

11 − 4 = ☐
11 − ☐ − ☐ = ☐

15 − 6 = ☐
15 − ☐ − ☐ = ☐

12 − 3 = ☐
12 − ☐ − ☐ = ☐

1 Rechne geschickt.

Kreuze an, wie du rechnest. Schreibe deine Rechnung auf.

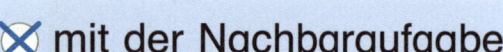

14 – 8 = ☐

☒ mit der Nachbaraufgabe
○ bis 10 und dann weiter
○ zuerst – 10

17 – 9 = ☐

○ mit der Nachbaraufgabe
○ bis 10 und dann weiter
○ zuerst – 10

11 – 4 = ☐

○ mit der Nachbaraufgabe
○ bis 10 und dann weiter
○ zuerst – 10

13 – 6 = ☐

○ mit der Nachbaraufgabe
○ bis 10 und dann weiter
○ zuerst – 10

12 – 7 = ☐

○ mit der Nachbaraufgabe
○ bis 10 und dann weiter
○ zuerst – 10

15 – 9 = ☐

○ mit der Nachbaraufgabe
○ bis 10 und dann weiter
○ zuerst – 10

★ aufgabenbezogen geeignete Rechenstrategien zum vorteilhaften Rechnen auswählen

1 Löse die Aufgaben.

$12 - 5 = 7$ $16 - 9 = \boxed{}$ $15 - 7 = \boxed{}$

$12 - 6 = \boxed{}$ $17 - 8 = \boxed{}$ $11 - 7 = \boxed{}$

$11 - 5 = \boxed{}$ $11 - 6 = \boxed{}$ $18 - 9 = \boxed{}$

2 Übertrage die Aufgaben ins Heft und löse sie.

Seite 23 Aufgabe 2

$13 - 7 = 6$ $14 - 6 =$ $15 - 8 =$

$14 - 8 =$ $15 - 9 =$ $17 - 9 =$

$15 - 6 =$ $16 - 8 =$ $14 - 5 =$

$16 - 7 =$ $12 - 7 =$ $13 - 6 =$

3 Finde passende Minusaufgaben.

$\boxed{}\boxed{} - \boxed{} = 4$ $\boxed{}\boxed{} - \boxed{} = 6$ $\boxed{}\boxed{} - \boxed{} = 8$

$\boxed{}\boxed{} - \boxed{} = 5$ $\boxed{}\boxed{} - \boxed{} = 7$ $\boxed{}\boxed{} - \boxed{} = 9$

4 Übe mit einem Partnerkind Minusaufgaben.

13 – 5

13 - 5

13 – 5 = 8

★ aufgabenbezogen geeignete Strategie wählen ★ Aufgaben lösen
★ Hefteintrag üben ★ zum Ergebnis passende Aufgaben finden
★ mit einem Partnerkind und Rechenkärtchen üben

D 62   ÜH 56   B   23

14 + 3 = 17   17 − 3 = 14

14 + 3 = 17 und
17 − 3 = 14 sind
Umkehraufgaben.

1 Schreibe die Plusaufgabe und die dazu passende Minusaufgabe auf.

12 ⇄ (+6 / −6) 1 8

1 2 + 6 = 1 8
1 8 − 6 =

8 ⇄ (+4 / −4) ☐☐

☐ + ☐ = ☐
☐ − ☐ = ☐

9 ⇄ (+2 / −2) ☐☐

☐ + ☐ = ☐
☐☐ − ☐ = ☐

☐ ⇄ (+5 / −5) ☐☐

☐ + ☐ = ☐
☐ − ☐ = ☐

2 Schreibe die Minusaufgabe und die dazu passende Plusaufgabe auf.

8 ⇄ (+5 / −5) 13

1 3 − 5 = 8
8 + 5 =

☐ ⇄ (+6 / −6) 12

☐ − ☐ = ☐
☐ + ☐ = ☐

☐ ⇄ (+8 / −8) 14

☐☐ − ☐ = ☐
☐ + ☐ = ☐

☐ ⇄ (+7 / −7) ☐

☐ − ☐ = ☐
☐ + ☐ = ☐

B

✱ SF: Umkehraufgaben anhand der Abbildung beschreiben
✱ SF: den Begriff „Umkehraufgabe" verwenden
✱ Umkehraufgaben ablesen und notieren

$$8 + 5 = 13$$
$$13 - 5 = 8$$

$$11 - 4 = 7$$
$$7 + 4 = 11$$

Mir hilft die Umkehraufgabe.

---

1 Schreibe zuerst die Umkehraufgabe auf. Trage dann die Lösung ein.

$$\square + 7 = 12$$
$$12 - 7 = 5$$

$$\square + 3 = 11$$
$$\square\,\square - \square = \square$$

$$\square + 9 = 18$$
$$\square - \square = \square$$

$$\square + 5 = 14$$
$$\square - \square = \square$$

$$\square + 6 = 15$$
$$\square - \square = \square$$

$$\square + 7 = 14$$
$$\square - \square = \square$$

---

2 Schreibe zuerst die Umkehraufgabe auf. Trage dann die Lösung ein.

$$\square\,\square - 4 = 8$$
$$8 + 4 = 12$$

$$\square\,\square - 8 = 8$$
$$\square + \square = \square\,\square$$

$$\square\,\square - 6 = 7$$
$$\square + 7 = \square\,\square$$

$$\square\,\square - 5 = 7$$
$$\square + \square = \square\,\square$$

---

3 Erkläre einem anderen Kind, bei welchen Aufgaben dir Umkehraufgaben helfen können.

★ zu Plus- und Minusaufgaben Umkehraufgaben bilden
★ Umkehraufgaben als Lösungsstrategie für Aufgaben mit Platzhaltern an erster Stelle erkennen

1

6 + 7 = 13
und
7 + 6 = 13

13 − 7 = 6
und
13 − 6 = 7

Hier helfen **Tauschaufgaben** *und* **Umkehraufgaben.**

2 Schreibe zu den Zahlen je 2 passende Plus- und Minusaufgaben.

9 8 17

$9 + 8 = 17$

$8 + \square = \square$

$17 - 8 = \square$

$17 - \square = \square$

15 7 8

$\square + \square = \square$

$\square + \square = \square$

$\square - \square = \square$

$\square - \square = \square$

3 Finde selbst Zahlen und schreibe passende Plus- und Minusaufgaben dazu.

14

$\square + \square = \square$

$\square + \square = \square$

$\square - \square = \square$

$\square - \square = \square$

$\square + \square = \square$

$\square + \square = \square$

$\square - \square = \square$

$\square - \square = \square$

★ Tausch- und Umkehraufgaben finden ★ **SF:** Begriffe wiederholen
★ zu vorgegebenen Zahlen Aufgabenfamilien zusammenstellen
★ selbst passende Zahlen finden und Aufgabenfamilien zusammenstellen

1 Löse die Aufgaben. Setze die Reihen fort.

6 + 5 = ☐☐

6 + 6 = ☐☐

6 + 7 = ☐☐

☐ + ☐ = ☐☐

☐ + ☐ = ☐☐

Hier gibt es etwas zu entdecken.

13 – 5 = ☐

13 – 6 = ☐

13 – 7 = ☐

☐☐ – ☐ = ☐

☐☐ – ☐ = ☐

2 Löse die Ergänzungsaufgaben. Setze die Reihen fort.

9 + ☐ = 14

8 + ☐ = 14

7 + ☐ = 14

☐ + ☐ = ☐☐

☐ + ☐ = ☐☐

16 – ☐ = 8

15 – ☐ = 8

14 – ☐ = 8

☐☐ – ☐ = ☐

☐☐ – ☐ = ☐

3 Bilde eigene Aufgabenreihen.

☐ + ☐ = ☐☐

☐ + ☐ = ☐☐

☐ + ☐ = ☐☐

☐ + ☐ = ☐☐

☐ + ☐ = ☐☐

☐☐ – ☐ = ☐

☐☐ – ☐ = ☐

☐☐ – ☐ = ☐

☐☐ – ☐ = ☐

☐☐ – ☐ = ☐

★ **MK:** Strukturen von Aufgabenreihen erkennen und fortsetzen ★ erkennen, dass das gleiche Bildungsprinzip bei Plus- und Minusaufgaben unterschiedliche Auswirkungen auf das Ergebnis hat ★ Aufgabenreihen selbst bilden

27

3 Geschickt rechnen mit drei Zahlen

Ich verdopple zuerst.

Ich halbiere zuerst.

Ich rechne zuerst bis 10 und dann weiter.

Ich rechne zuerst bis 10 und dann weiter.

6 + 3 + 6 = 15

16 − 8 − 5 = 3

5 + 7 + 3 = 15

17 − 5 − 7 = 5

1 Verdopple oder halbiere zuerst. Markiere.

$7 + 5 + 7 =$ ☐☐

$8 + 8 + 3 =$ ☐☐

$2 + 9 + 9 =$ ☐☐

$14 − 3 − 7 =$ ☐

$18 − 9 − 6 =$ ☐

$16 − 3 − 8 =$ ☐

2 Rechne zuerst bis 10 und dann weiter. Markiere.

$6 + 4 + 7 =$ ☐☐

$2 + 5 + 8 =$ ☐☐

$3 + 8 + 7 =$ ☐☐

$17 − 4 − 7 =$ ☐

$15 − 5 − 8 =$ ☐

$14 − 8 − 4 =$ ☐

3 Rechne geschickt. Markiere.

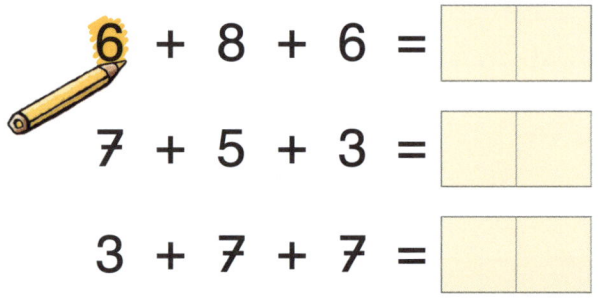

$6 + 8 + 6 =$ ☐☐

$7 + 5 + 3 =$ ☐☐

$3 + 7 + 7 =$ ☐☐

$12 − 3 − 6 =$ ☐

$14 − 7 − 4 =$ ☐

$16 − 5 − 8 =$ ☐

1 Berichtige falsche Zahlen oder falsche Rechenzeichen.
Es sind insgesamt 10 Fehler.

18 + 5 = 13

8 + 8 = 16

15 – 7 = ~~0~~ 8

17 – 6 = 11

14 – 6 = 8

9 + 8 = 17

7 – 7 = 14

13 – 5 = 18

7 + 8 = 20

?

10 + 10 = 0

16 – 4 = 12

18 + 9 = 9

14 + 4 = 19

11 – 3 = 8

18 – 6 = 10

9 – 5 = 14

20 – 4 = 16

8 + 4 = 12

2 Trage passende Rechenzeichen ein.
2 Aufgaben haben Fehler. Berichtige falsche Zahlen.

6 ◯ 7 ◯ 2 = 11

8 ◯ 8 ◯ 2 = 16

6 ◯ 3 ◯ 4 = 12

7 ◯ 3 ◯ 4 = 14

★ Aufgaben überprüfen
★ Rechenzeichen oder Zahlen so verändern, dass die Aufgabe richtig ist

1

2 + 2 ist kleiner als 7.

3 + 4 ist größer als 5.

2+2<7

4 +2 = 6

3+4>5

2 + 2 < 7 und
3 + 4 > 5 sind
Ungleichungen.

4 + 2 = 6 ist
eine **Gleichung**.

2

| 2 | + | 7 | ○ | 6 |

| | + | | ○ | |

| | + | | ○ | |

3 Setze **<**, **>** oder **=** ein.

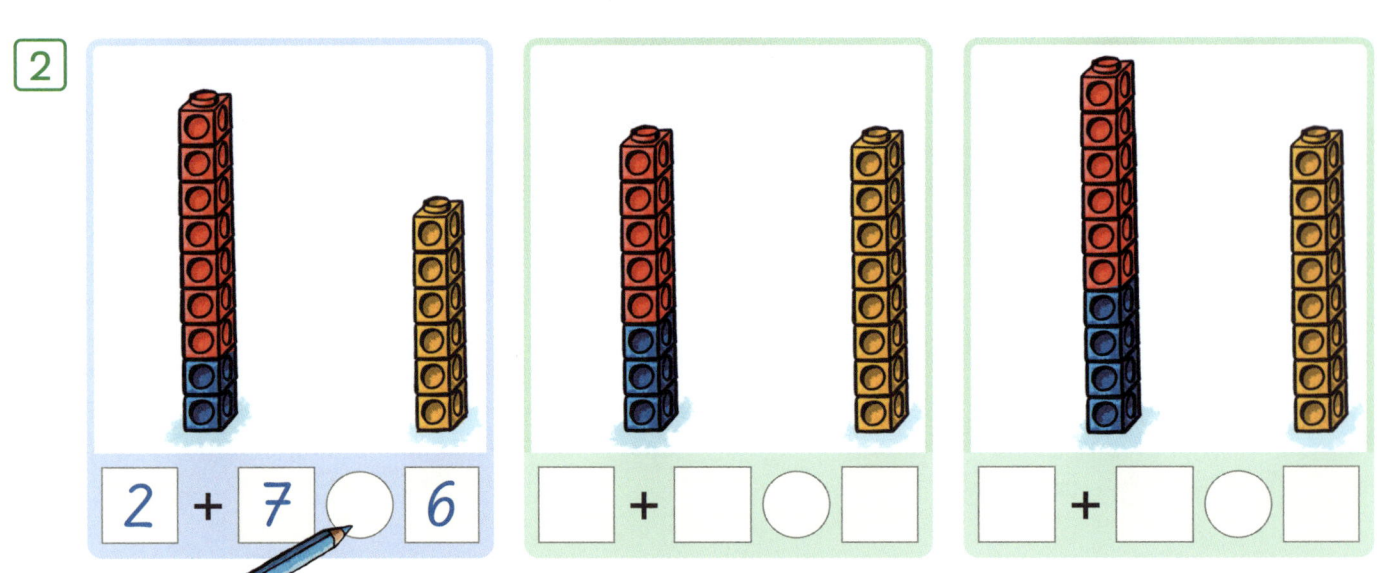

9 + 9 ○ 18   16 − 9 ○ 5   8 + 5 ○ 11

8 + 6 ○ 13   13 − 6 ○ 7   15 − 7 ○ 8

5 + 7 ○ 12   12 − 8 ○ 6   7 + 8 ○ 15

3 + 8 ○ 13   18 − 5 ○ 9   11 − 6 ○ 6

★ Gleichungen und Ungleichungen kennenlernen
★ SF: Begriffe „Gleichungen" und „Ungleichungen" verwenden
★ Zeichen <, > oder = passend einsetzen

1 Setze **+**, **−**, **<**, **>** oder **=** ein.

Das kann ich schon gut!

13 (−) 4 (>) 8

11 ( ) 7 ( ) 4

8 ( ) 9 ( ) 20

14 ( ) 8 ( ) 6

8 ( ) 6 ( ) 14

13 ( ) 5 ( ) 7

15 ( ) 7 ( ) 8

9 ( ) 4 ( ) 17

8 ( ) 8 ( ) 16

11 ( ) 10 ( ) 12

9 ( ) 5 ( ) 15

9 ( ) 9 ( ) 18

17 ( ) 9 ( ) 5

8 ( ) 6 ( ) 14

7 ( ) 4 ( ) 16

13 ( ) 5 ( ) 8

2 Erfinde eigene Aufgaben.

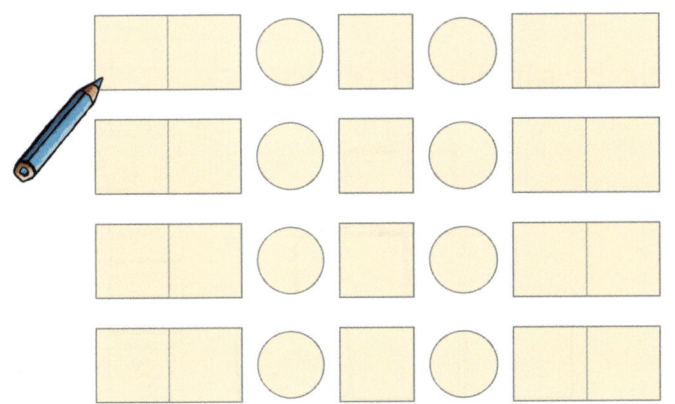

1 Ergänze die Zahlenmauern.

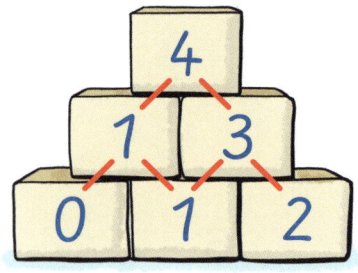

3 + 4 = 7

2 Ergänze die Zahlenmauern.

3 Setze die Steine passend ein. Es bleibt ein Stein übrig.

★ fehlende Zahlen in Zahlenmauern ergänzen
★ aus vorgegebenen Steinen Zahlenmauern zusammensetzen

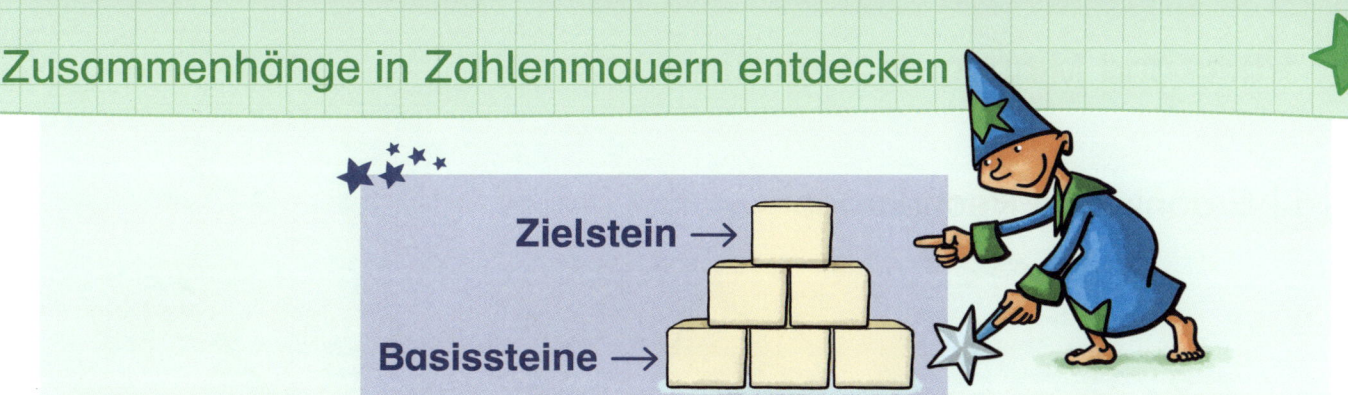

Zielstein →

Basissteine →

1 Ergänze die Zahlenmauern.

2 Erhöhe bei den Zahlenmauern von ☐1 den rechten Basisstein 🟩 um 1.
Wie verändert sich der Zielstein?

3 Erhöhe bei den Zahlenmauern von ☐1 den mittleren Basisstein 🟩 um 1.
Wie verändert sich der Zielstein?

4 Erkläre deine Entdeckungen einem anderen Kind.

★ Veränderungen in Basissteinen und ihre Auswirkungen auf den Zielstein untersuchen
★ MK: Strukturen in Zahlenmauern erkennen und fortsetzen
★ SF: Erkenntnisse formulieren

1 Ergänze die Rechenräder.

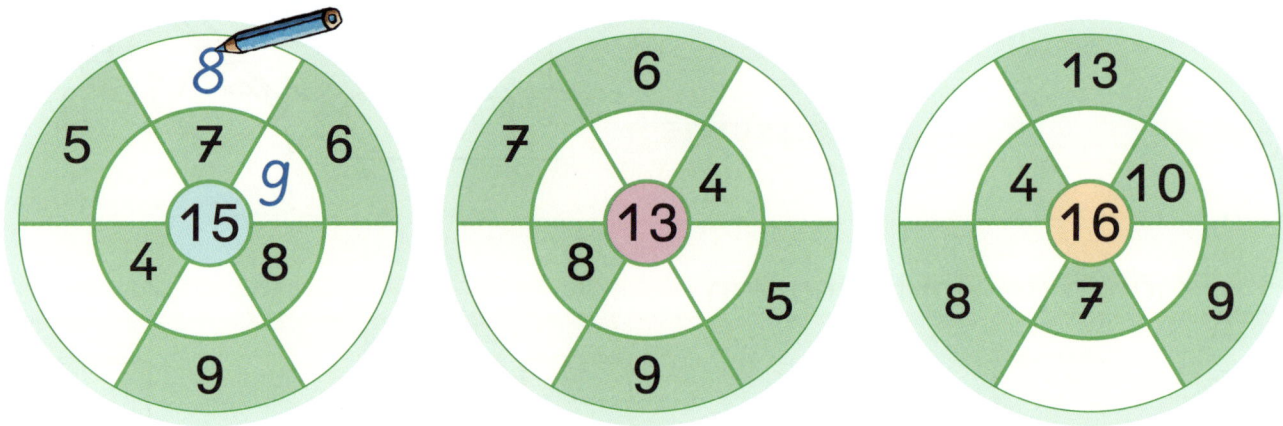

2 Fülle die Rechentabellen aus.

+	5	6	7	8
8				
6				

+	9	3	7	4
7				
9				

−	6	7	8	9
16				
14				

−	6	4	7	5
12				
15				

3 Ergänze die Rechentabellen.

+	6	4	9	
		11		
4				12

−	7	5		8
		6		
14			8	

1 Trage die Zahlen so ein, dass sich senkrecht ↓ und waagerecht → die angegebene Zahl ergibt.

immer 10

2	4	4
3	2	5
5	4	1

→

immer 10

5	2	3
	1	4

5 + 2 + 3 = 10

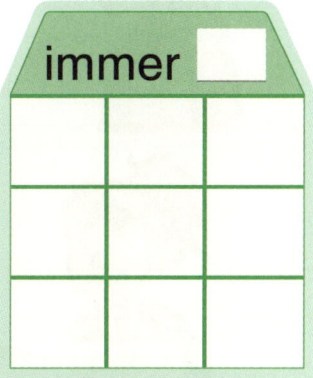

immer 15

	10	2
5	3	

immer 15

4		
	3	
		1

immer 15

		8
7		

2 Trage passende Zahlen ein.

immer 12

6		
	3	
		5

immer 16

		7
	4	
6		

immer ☐

3 Suche dir ein Partnerkind. Überlegt, ohne zu rechnen.
Die Zahlen in den Häusern werden alle um 1 verringert.
Wie verändert sich die Zahl im Dach?

Die Zahl im Dach  _____

_____

★ Rechenquadrate ergänzen und erstellen ★ systematisches Vorgehen entwickeln
★ Zusammenhänge in Rechenquadraten untersuchen ★ SF: Erkenntnisse formulieren und
notieren ★ MK: Strukturen an Rechenquadraten entdecken

35

1 Betrachte das Bild. Welche Fragen kannst du beantworten?
Markiere sie gelb.

2 Finde weitere Fragen zum Bild.
Schreibe sie in dein Heft.
Lass ein anderes Kind
deine Fragen beantworten.

Seite 36 Aufgabe 2

Wie viele Kinder ...

★ MK: einem Bild auf Fragen bezogene Informationen entnehmen
★ SF: passende Fragen und Antworten formulieren

1 Kreise das passende Rechenzeichen ein.

$+$ $-$

$+$ $-$

$+$ $-$

$+$ $-$

2 Male selbst passende Bilder.
Erzähle einem anderen Kind deine Rechengeschichte.

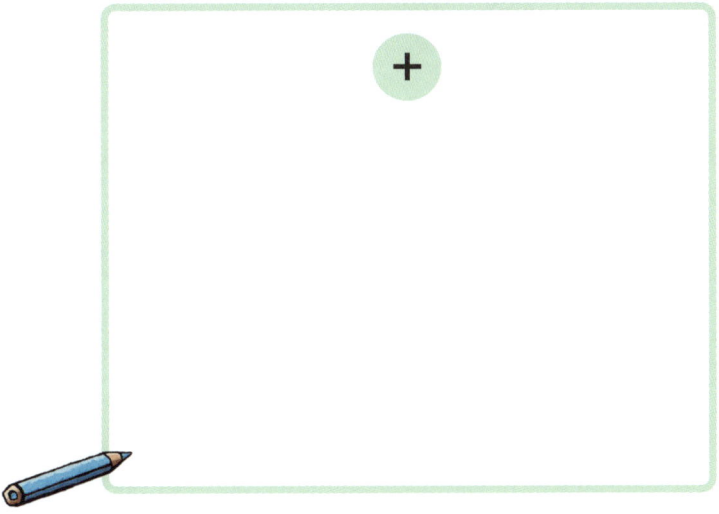

$+$

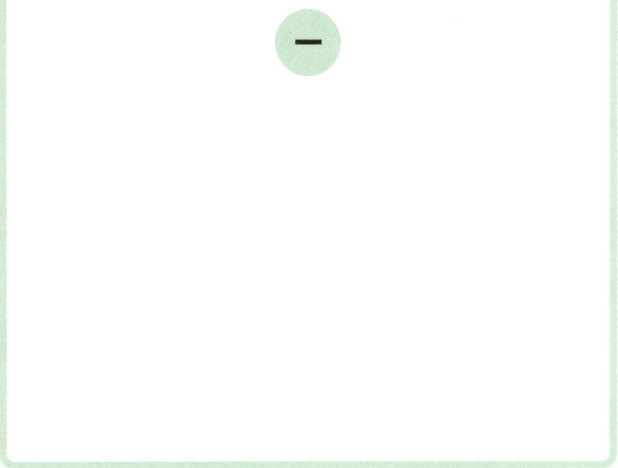

$-$

★ **SF:** in Bildern dargestellte Handlungen beschreiben
★ die Rechenzeichen + und – als Repräsentanten unterschiedlicher Tätigkeiten erkennen

37

1 Schreibe zu jedem Bild eine passende Rechenaufgabe.

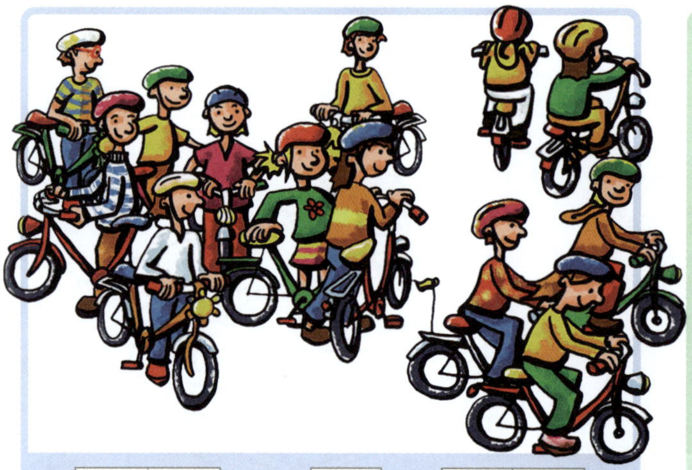

| 1 | 3 | − | 5 | = | | 8 |

| | ◯ | | = | | |

| | ◯ | | = | | |

| | ◯ | | = | | |

| | ◯ | | = | | |

| | ◯ | | = | | |

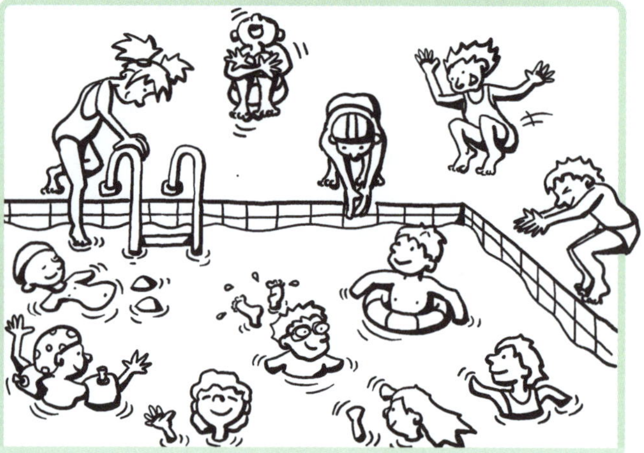

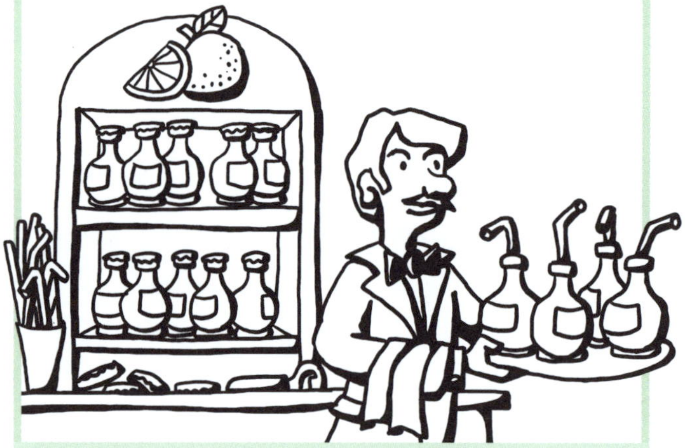

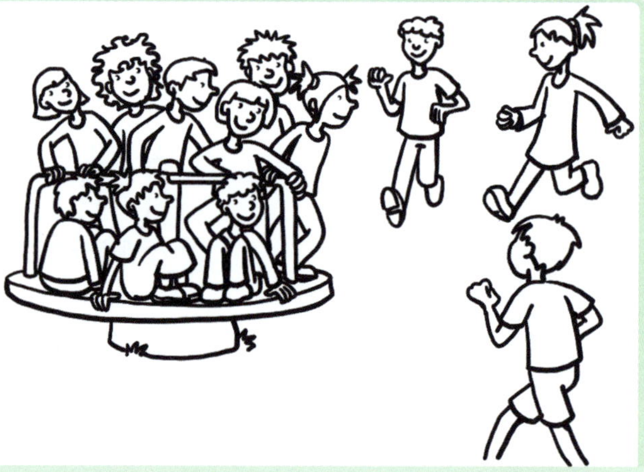

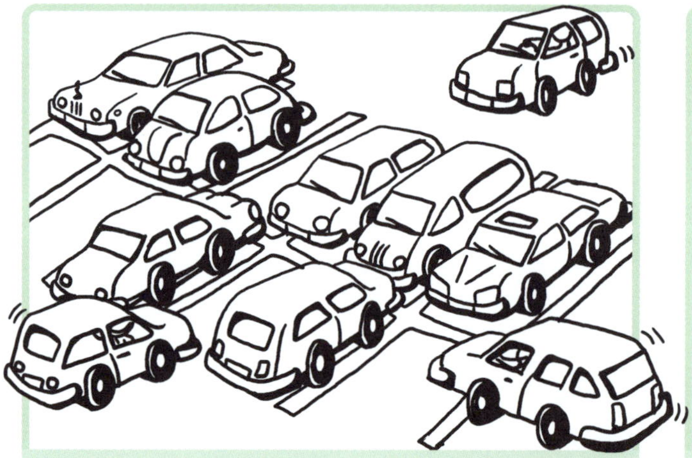

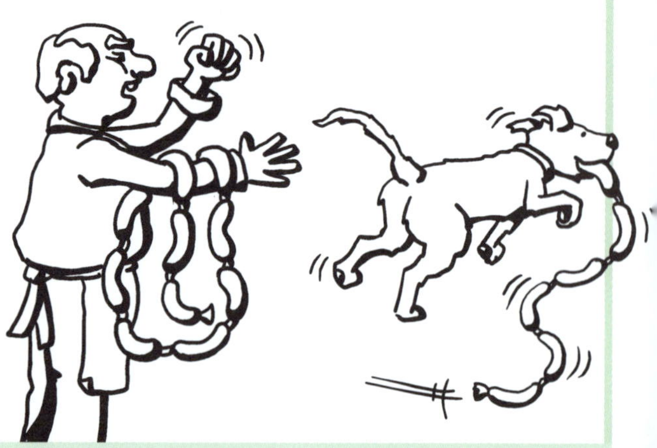

1 Verbinde passend.

9 Matten liegen auf dem Wagen. Die Kinder legen 2 Matten dazu.

9 + 2 = ☐☐

11 Kinder saßen auf der Bank. 5 Kinder gehen weg.

9 + 3 = ☐☐

15 Bälle lagen im Schrank. Ein Kind holt 6 Bälle.

11 − 5 = ☐

9 Kinder sitzen im Kreis. 3 Kinder kommen noch dazu.

15 − 6 = ☐

1 Verbinde passend. Berechne das Ergebnis.

Lea hat 7 Postkarten.
Sie bekommt noch 5 Postkarten.

Mai-Lin hat 8 Puppen.
5 Puppen leiht sie ihrer Freundin.

Janek hat 7 Steine gesammelt.
Er findet noch 6 Steine.

Anne hatte 13 Sticker gesammelt.
Leider hat sie 5 Sticker verloren.

Maja hat 13 Autos in einer Kiste.
Sie legt 5 Autos dazu.

Ole hat 8 Ritter im Regal.
Er stellt noch 5 Ritter dazu.

$7 + 6 = \boxed{}$

$7 + 5 = \boxed{}$

$8 + 5 = \boxed{}$

$8 - 5 = \boxed{}$

$13 + 5 = \boxed{}$

$13 - 5 = \boxed{}$

2 Schreibe eine Rechengeschichte. Ergänze die passende Aufgabe.

★ im Text beschriebene Vorgänge und Rechenaufgaben zuordnen
★ SF: selbst eine Rechengeschichte formulieren und in eine Rechenaufgabe übertragen

1 Schreibe eine Rechengeschichte zu **8 + 6** .

_____

_____

_____

_____

_____

_____

_____

2 Schreibe eine Rechengeschichte zu **12 – 4** .

_____

_____

_____

_____

_____

_____

_____

3 Bitte ein anderes Kind, deine Rechengeschichten zu lösen. So könnt ihr überprüfen, ob Aufgabe und Geschichte zusammenpassen.

 ★ **SF:** zu vorgegebenen Aufgaben passende Rechengeschichten schreiben
★ mithilfe eines Partnerkindes die Stimmigkeit von Rechengeschichte und vorgegebener Aufgabe kontrollieren

 D 68

 1

Das sind 5 Euro.

2 Bestimme den Wert der Scheine.
Verbinde die passenden Vorder- und Rückseiten.

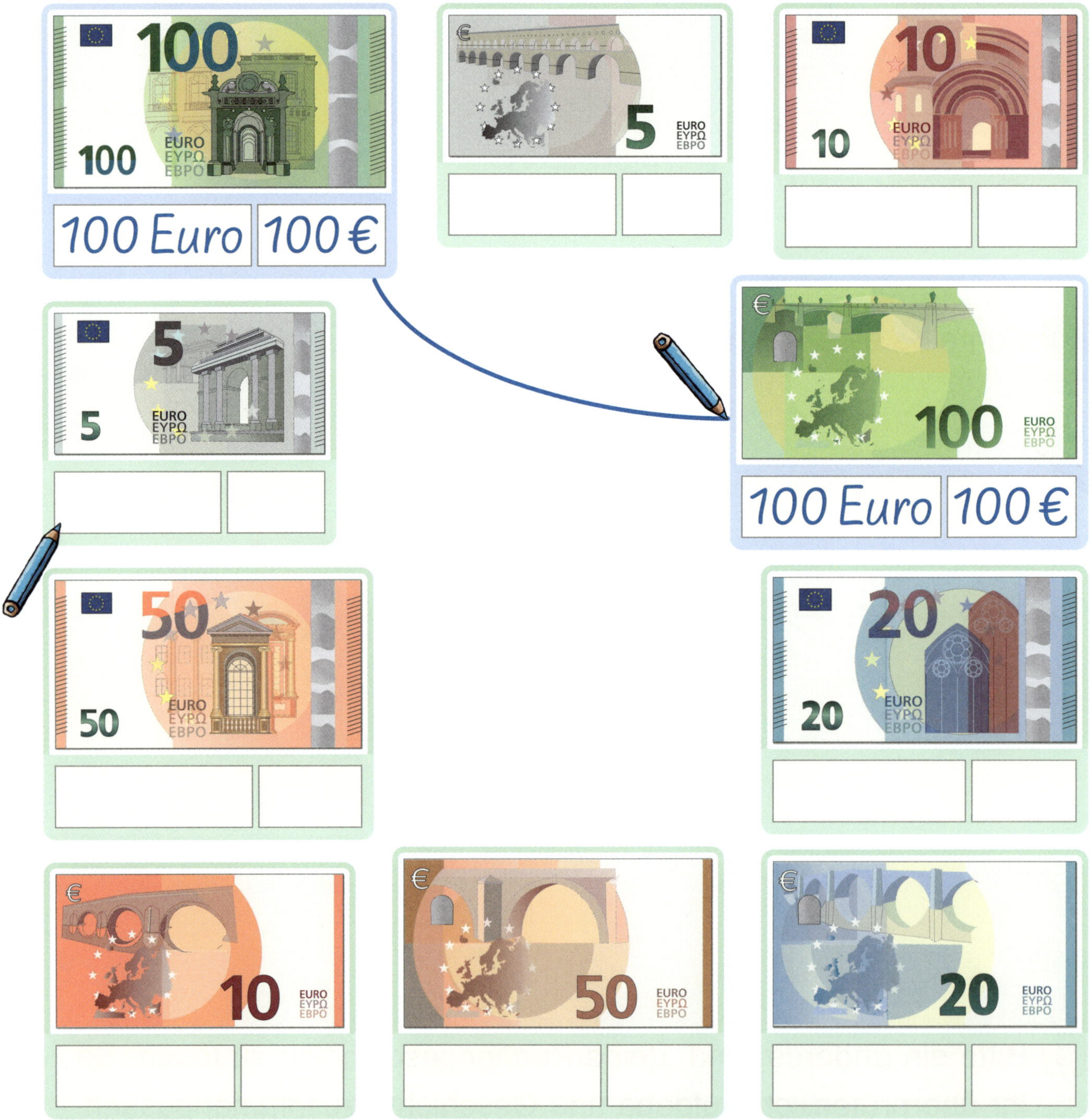

100 Euro | 100 €

100 Euro | 100 €

€
B

★ Werte von Geldscheinen in der Einheit Euro ermitteln, benennen und notieren
★ Zeichen € als Abkürzung für „Euro" verwenden

1

Das sind Euro-Münzen.

Das sind Cent-Münzen.

Es gibt Euro-Münzen und Cent-Münzen.

Die Abkürzung für **Euro** ist **€**.

Die Abkürzung für **Cent** ist **ct**.

2 Erkenne, ob es Euro oder Cent sind. Ordne zu.

3 Bestimme den Wert der Münzen.

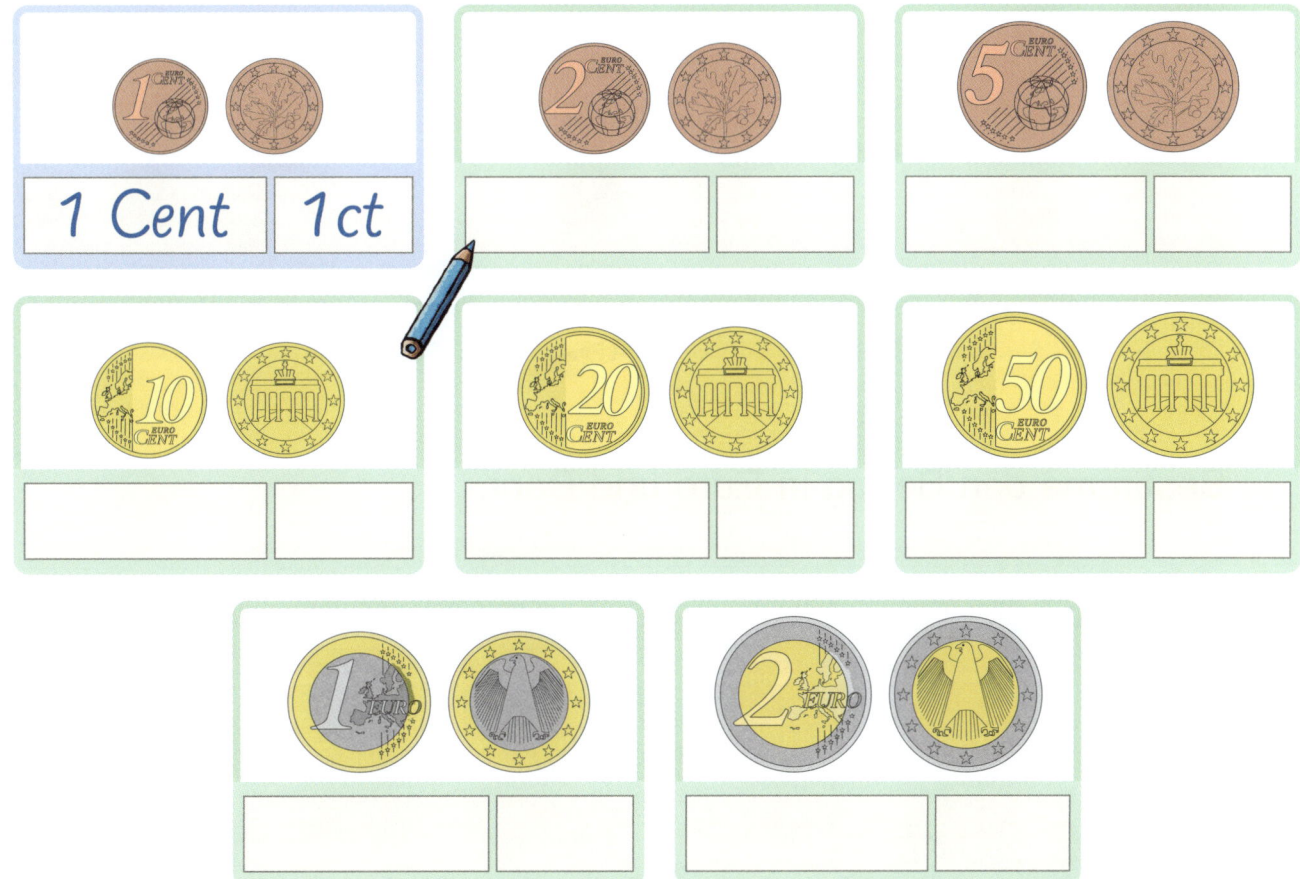

1 Cent | 1ct

★ Münzen nach den Einheiten Euro und Cent sortieren
★ Werte von Münzen in den Einheiten Euro und Cent ermitteln, benennen und notieren
★ Abkürzungen € und ct verwenden

€
B 43

1 Bestimme, wie viel Euro es sind.

15 €

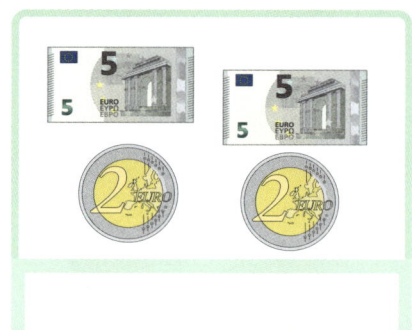

2 Bestimme, wie viel Cent es sind.

17 ct

3 Bestimme den Betrag in Euro und Cent.

12 € 20 ct

★ den Gesamtwert der dargestellten Geldbeträge ermitteln

1 Bestimme die Beträge. Kreuze an, wo mehr ist.

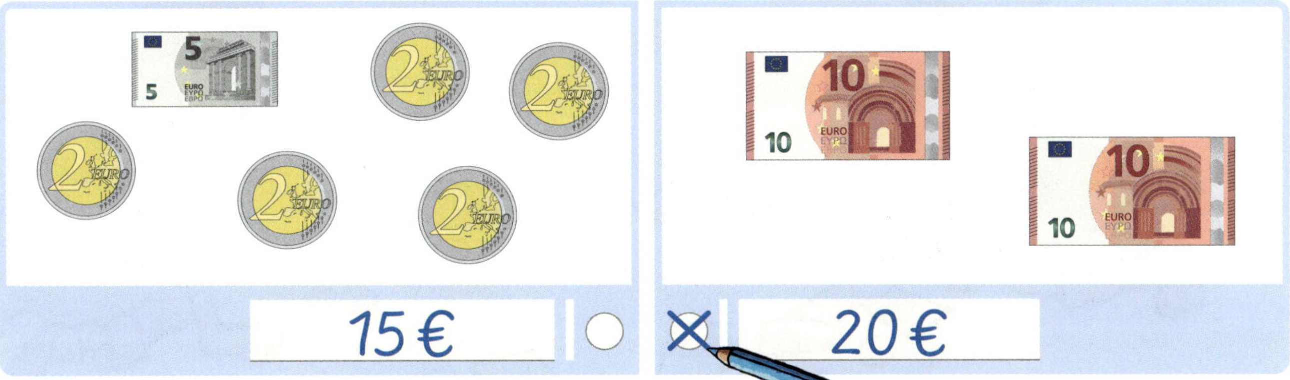

15 €   ○   ✗   20 €

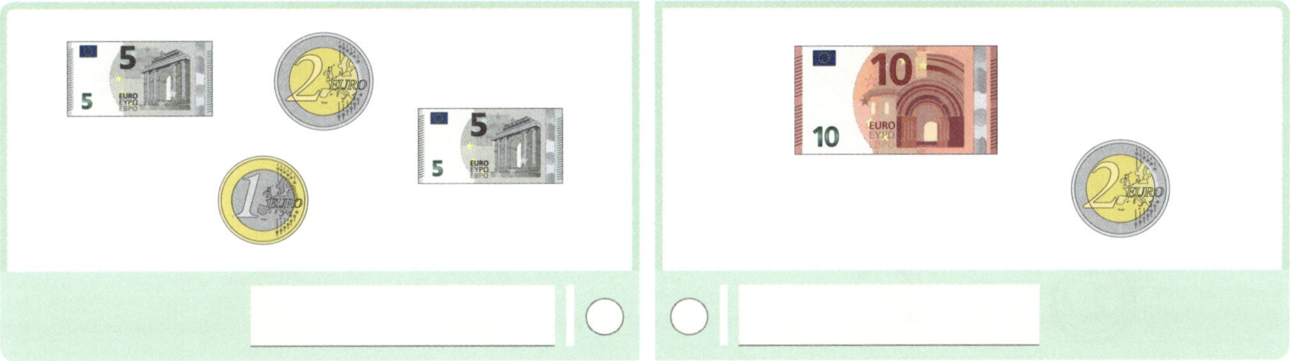

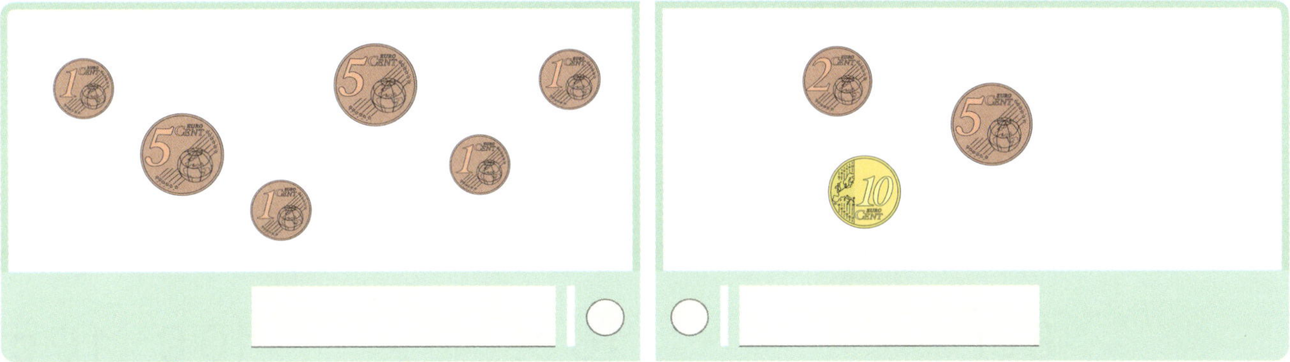

2 Finde ein eigenes Beispiel.

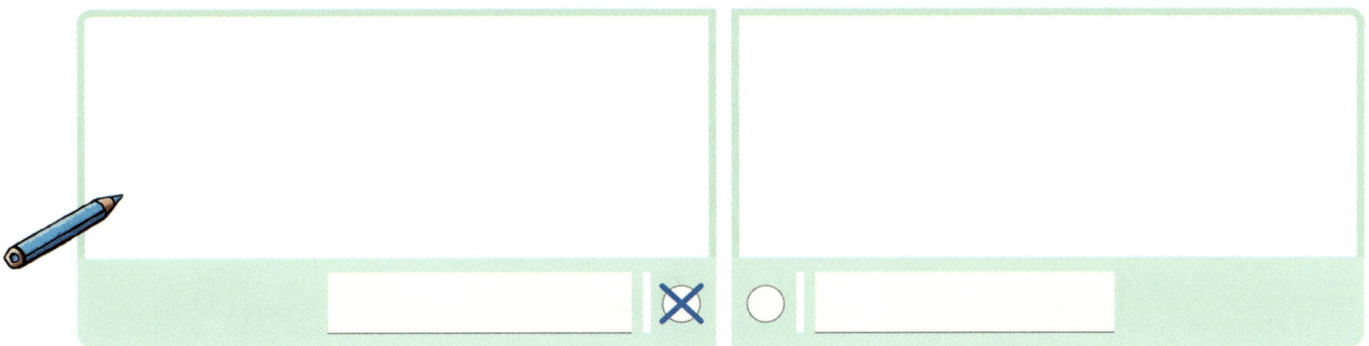

★ Geldbeträge ermitteln und vergleichen, größeren Betrag ankreuzen ★ erkennen,
dass die Anzahl der Scheine und Münzen für den Gesamtbetrag nicht maßgeblich ist
★ selbst Geldbeträge zeichnen, ermitteln, vergleichen

ÜH 61   45

2 Lege und zeichne.

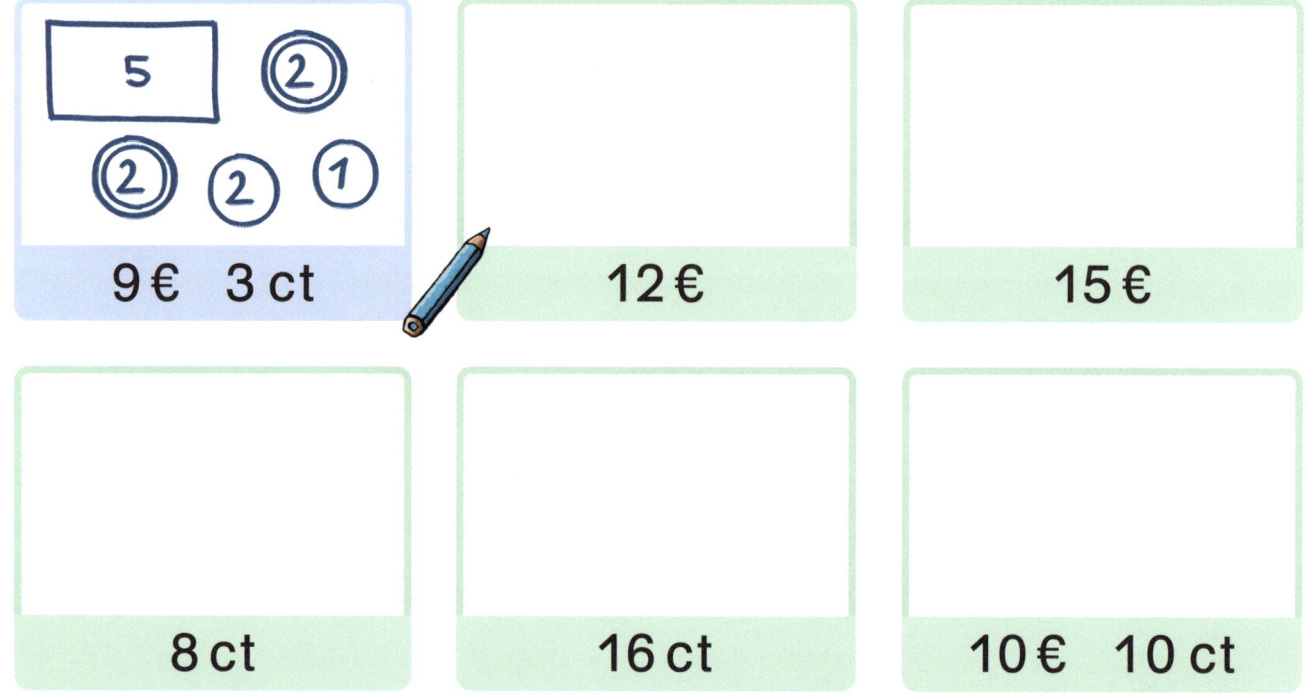

9 € 3 ct	12 €	15 €
8 ct	16 ct	10 € 10 ct

3 Lege und zeichne. Beachte dabei die Vorgaben.

 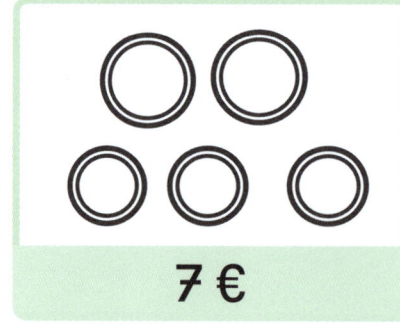 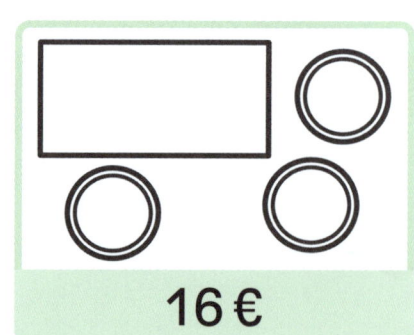

13 €	7 €	16 €

€
B

★ Geldbeträge mit Scheinen und Münzen legen ★ vorgegebene Geldbeträge mit Scheinen und Münzen zeichnen, Vorgaben beachten ★ Darstellung von Euro-Münzen mit Doppelkreis und von Cent-Münzen mit Einfachkreis erkennen und umsetzen

1   Bezahle mit möglichst wenigen Scheinen und Münzen.
Lege und zeichne.

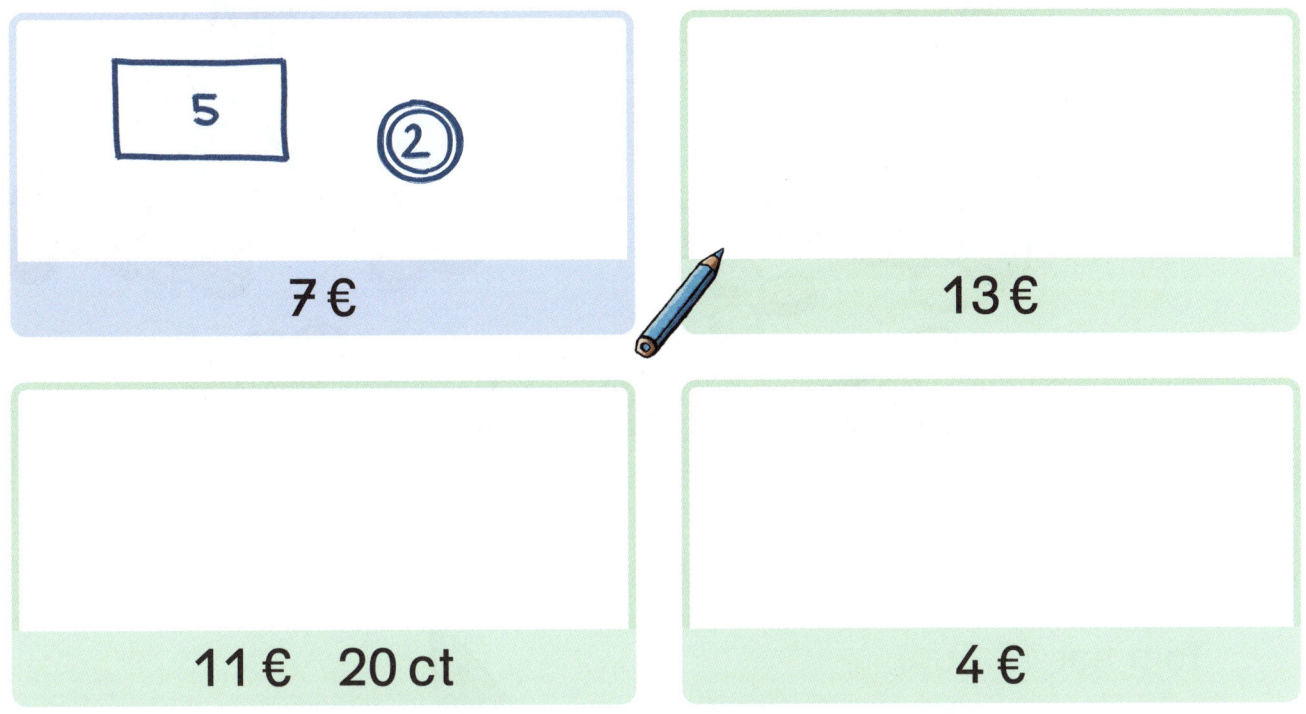

5 ② 7 €	13 €
11 € 20 ct	4 €

2   Bezahle nur mit Münzen. Lege und zeichne.

7 € 20 ct	11 € 15 ct

3   Lege 6 €. Benutze keine 1-€-Münzen.

6 €	6 €

2 Zeichne immer 3 Möglichkeiten.

Tom hat 17 Euro.

Ole hat 15 Euro und 20 Cent.

€ B

★ vorgegebene Geldbeträge auf unterschiedliche Arten zusammenstellen
★ ggf. zuerst mit Rechengeld legen

3 Zeichne 3 Möglichkeiten.

Ich habe _____ .

4 Lege die Beträge auf unterschiedliche Weise.
Trage immer 3 Möglichkeiten in die Tabelle ein.

	10 €	5 €	2 €	1 €	50 ct	20 ct	10 ct	5 ct
 **18 €**	1	1	1	1	–	–	–	–
	–	3	1	1	–	–	–	–
 **12 €**								
 **2 € 20 ct**								

★ gewählten Geldbetrag auf unterschiedliche Arten zusammenstellen
★ gefundene Lösungen in einer Tabelle notieren

5 Geldbeträge ergänzen

1 Ergänze die Euro-Beträge. Lege und zeichne.

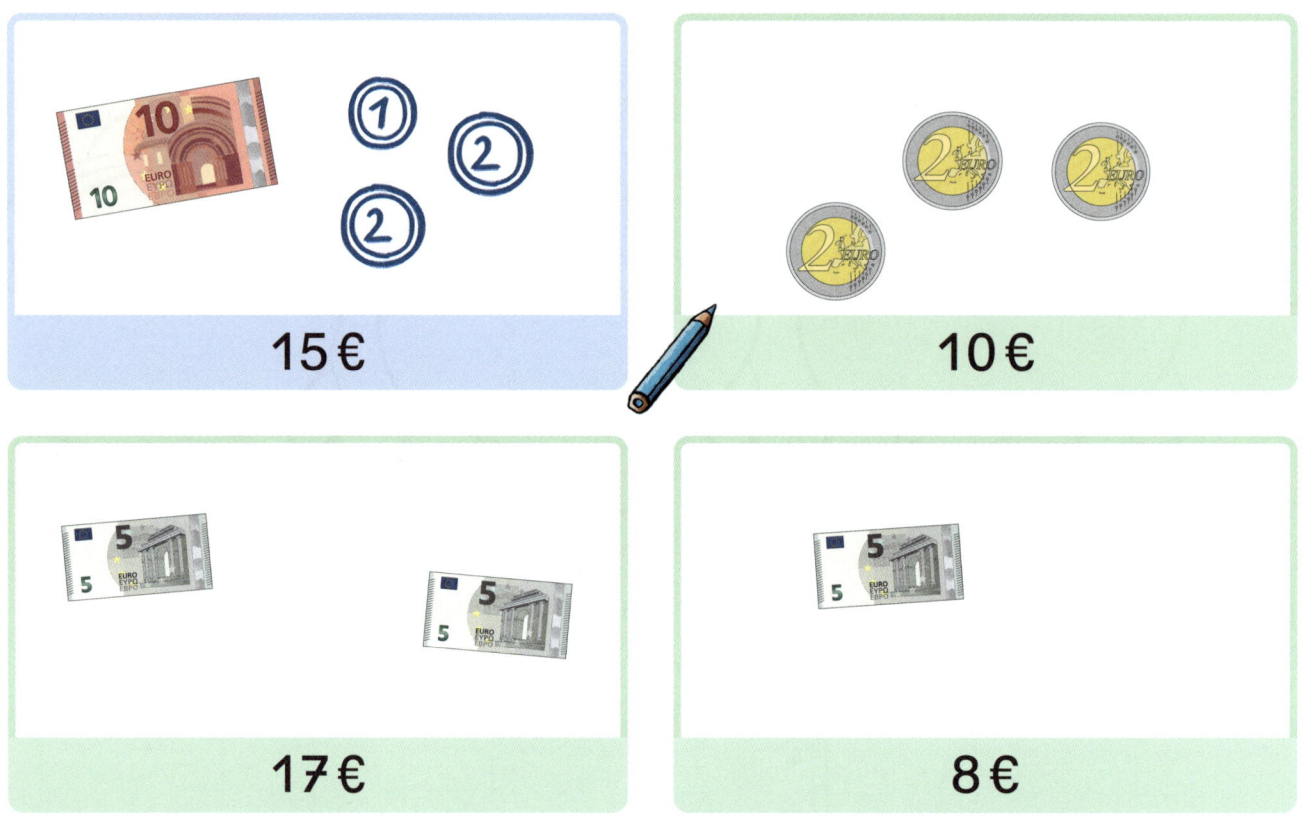

2 Ergänze die Cent-Beträge. Lege und zeichne.

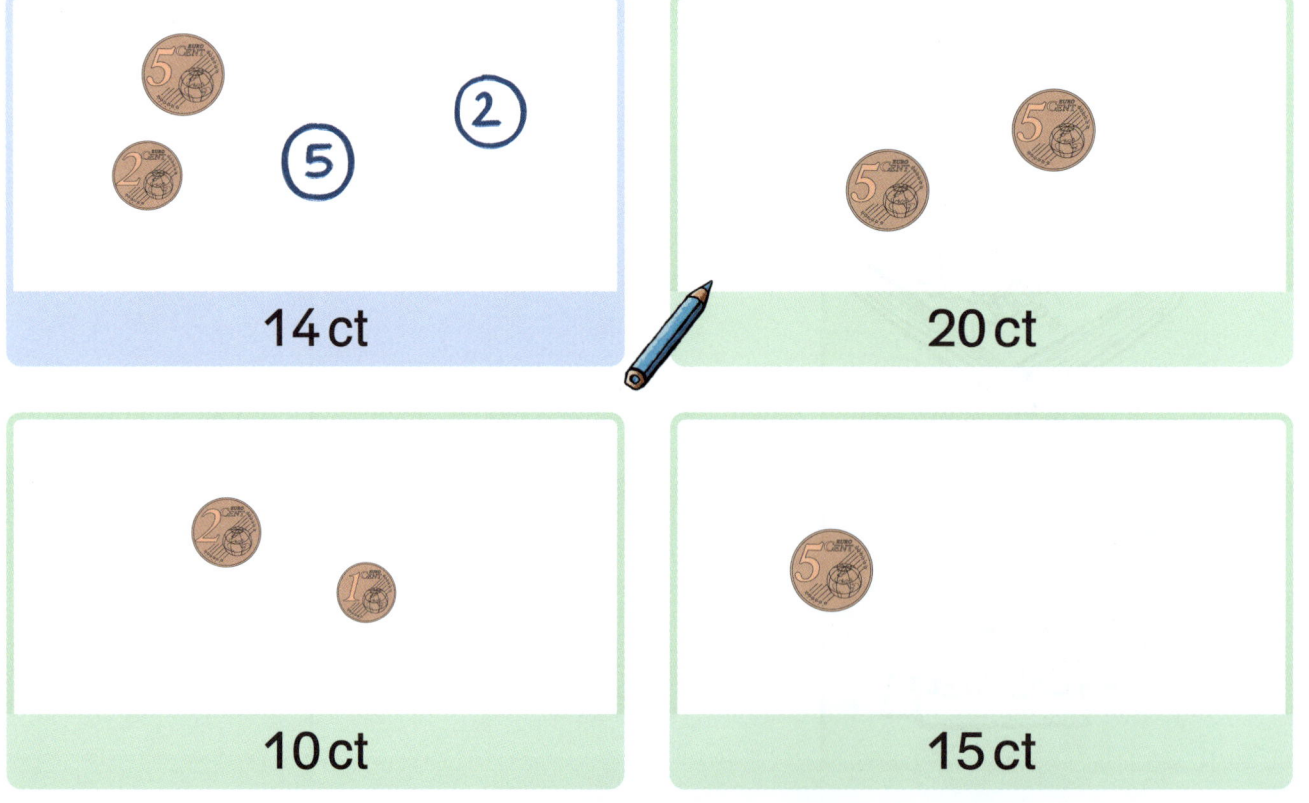

€
B

★ Geldbeträge auf den vorgegebenen Betrag ergänzen, fehlenden Betrag handelnd und zeichnerisch ermitteln

1 Zeichne, wie du bezahlst.
Trage den Gesamtpreis ein.

8 € · 5 · 2 · 1 · 20
10 € · 20 ct · 10

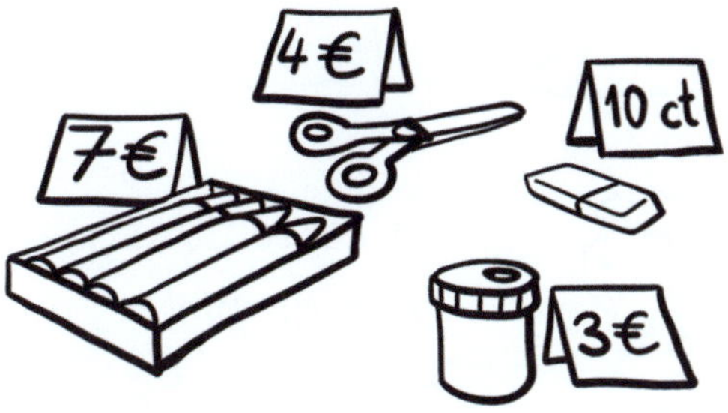

Wie viel kostet es?

Es kostet __18__ Euro __20__ Cent.

Wie viel kostet es?

7 € · 9 €

Es kostet _____ Euro.

Wie viel kostet es?

5 € · 9 €

Es kostet _____ Euro.

Wie viel kostet es?

14 € · 5 € · 20 ct

Es kostet _____ Euro _____ Cent.

Wie viel kostet es?

4 € · 7 € · 10 ct · 3 €

Es kostet _____ Euro _____ Cent.

★ zu in Bildern dargestellten Einkaufssituationen Gesamtpreise ermitteln und zeichnen, wie diese bezahlt werden können ★ ggf. zuerst legen und dann zeichnen

€
B

51

Der **Gesamtpreis** ist der Geldbetrag, den ich insgesamt bezahlen muss.

1 Was kosten das Dominospiel und der Block **insgesamt**?

Sie kosten 4 € und 2 €, also **insgesamt** 6 €.

2 Berechne, was es kostet.

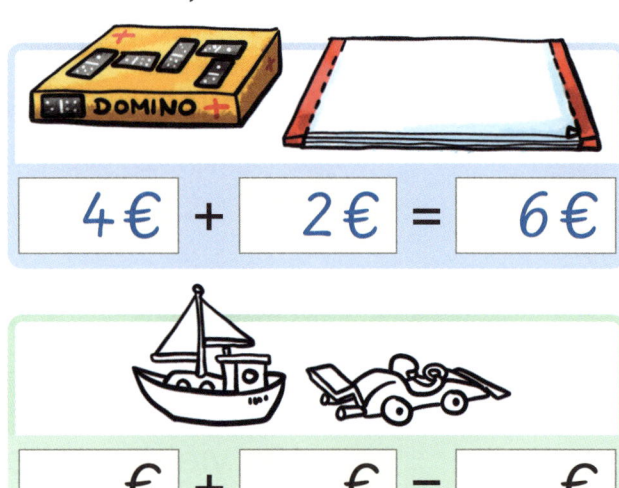

4 € + 2 € = 6 €

☐ € + ☐ € = ☐ €

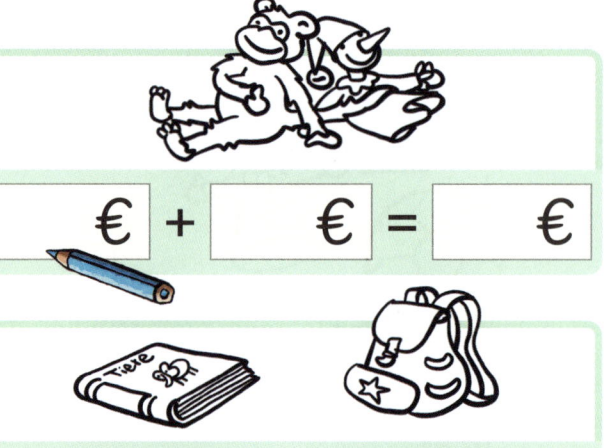

☐ € + ☐ € = ☐ €

☐ € + ☐ € = ☐ €

3 Trage den Gesamtpreis ein.

 Was kosten das Auto und der Rucksack? ☐ €

Was kosten der Affe und der Block? ☐ €

 Was kosten der Kasper und das Boot? ☐ €

Was kosten das Dominospiel und das Buch? ☐ €

€ B

★ Kaufladen aufbauen, einkaufen und verkaufen spielen
★ Gesamtpreise in dargestellten Einkaufssituationen ermitteln

1 Berechne, wie viel die Kinder bezahlen müssen.

Tim kauft

$18\,€$ + $2\,€$ = ____ €

Tim muss ____ € bezahlen.

Sofie kauft

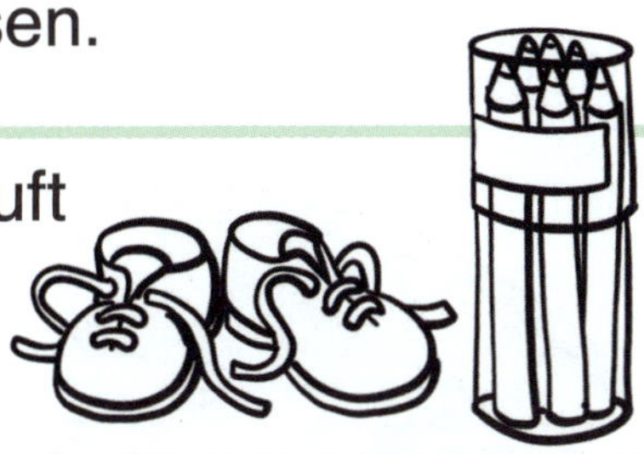

____ € + ____ € = ____ €

Sofie muss ____ € bezahlen.

Lena kauft

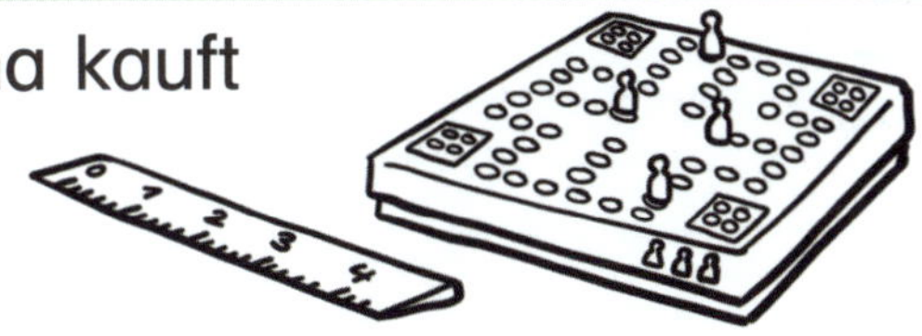

____ € + ____ € = ____ €

Lena muss ____ € bezahlen.

Ole kauft

____ € + ____ € = ____ €

Ole muss ____ € bezahlen.

2 Tim sagt: „Ich bezahle mehr als Sofie. Aber Ole bezahlt weniger als Sofie." Hat Tim recht? Sprich mit einem anderen Kind darüber.

3 Ich kaufe

Ich muss ____ € bezahlen.

Ich kaufe

Ich muss ____ € bezahlen.

★ Gesamtpreise in bildlich dargestellten Einzelsituationen ermitteln, Antwortsatz notieren
★ selbst Einkaufssituationen darstellen und Gesamtpreise ermitteln

ÜH 63   53

Das **Restgeld** ist der Geldbetrag, den ich nach dem Einkauf noch habe.

1 Streiche die Scheine und Münzen durch, mit denen du bezahlen musst. Ermittle, wie viel Geld noch übrig ist.

Wie viel Geld bleibt übrig?

Es bleiben __5 €__ übrig.

Wie viel Geld bleibt übrig?

Es bleiben _____ € übrig.

Wie viel Geld bleibt übrig?

Es bleiben _____ € übrig.

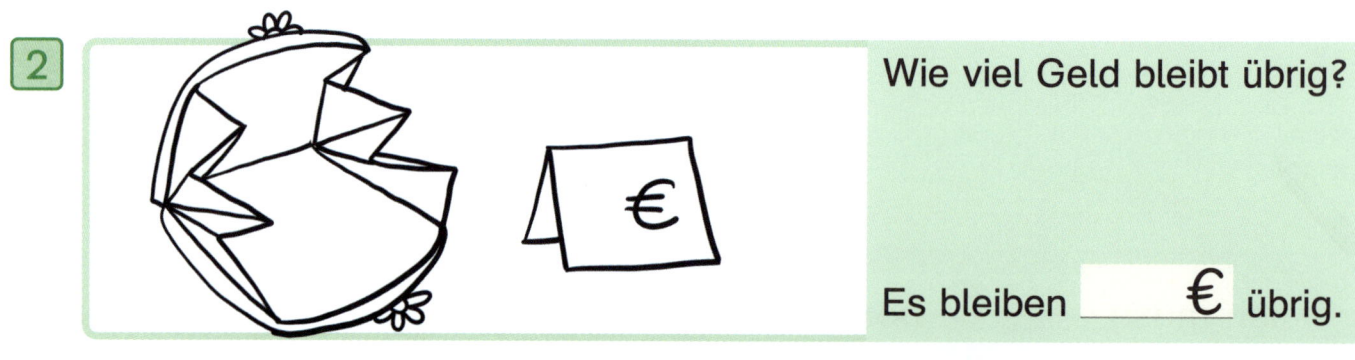

2 Wie viel Geld bleibt übrig?

Es bleiben _____ € übrig.

* bei in Bildern dargestellten Einkaufssituationen das Restgeld ermitteln
* selbst eine Einkaufssituation zeichnerisch darstellen und Restgeld ermitteln

1 Fülle die Tabelle aus.

Ich habe	Ich kaufe	Gesamtpreis	Restgeld
10€		6€	4€
15€			
15€			
15€			
20€			
			3€
			0€
			2€

★ zu in Tabellenschreibweise dargestellten Sachsituationen Gesamtpreis und Restgeld bzw. zur Verfügung stehenden Geldbetrag ermitteln ★ zu selbst festgelegtem zur Verfügung stehenden Geldbetrag anhand des errechneten Gesamtpreises das Restgeld berechnen

55

*8 € musst du mir **geben**.*

*Wie viel Euro bekomme ich **zurück**?*

Das Rückgeld ist der Geldbetrag, den ich zurückbekomme.

2 Ermittle das Rückgeld.

 gegeben:  20

zurück: **12 €**

 gegeben:  10

zurück: _____

 gegeben:  5

zurück: _____

 gegeben:  20

zurück: _____

 gegeben:  20

zurück: _____

 gegeben:  10

zurück: _____

3

 gegeben: _____

zurück: _____

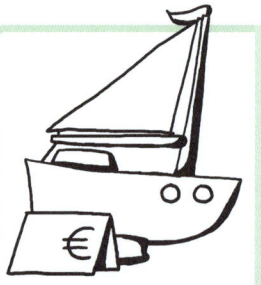 gegeben: _____

zurück: _____

 € B

★ Einkaufsgeschichten spielen, nicht passend bezahlen, Rückgeld ermitteln
★ zu bildlich dargestellten Einkaufssituationen das Rückgeld ermitteln
★ bildlich dargestellte Sachsituationen individuell gestalten

1 Berechne das Rückgeld.

Lea gibt — Lea kauft

6 €

$$10 \text{€} - 6 \text{€} = 4 \text{€}$$

Lea bekommt **4 €** zurück.

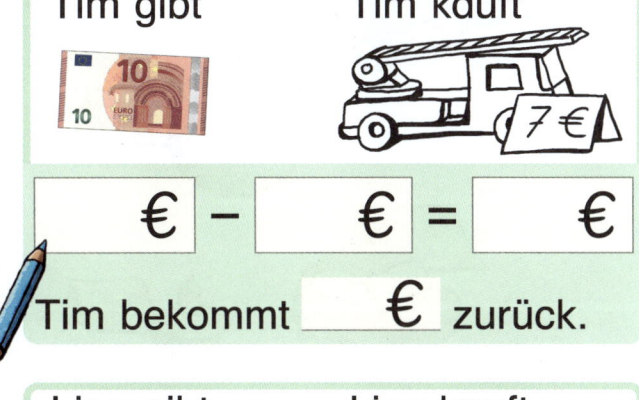

Tim gibt — Tim kauft

7 €

$$\boxed{}\text{€} - \boxed{}\text{€} = \boxed{}\text{€}$$

Tim bekommt ____ € zurück.

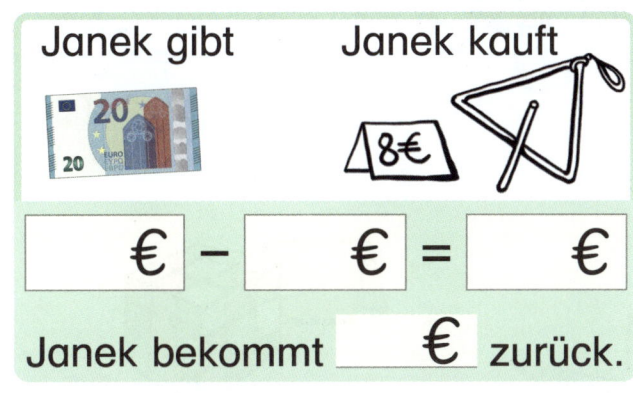

Janek gibt — Janek kauft

8 €

$$\boxed{}\text{€} - \boxed{}\text{€} = \boxed{}\text{€}$$

Janek bekommt ____ € zurück.

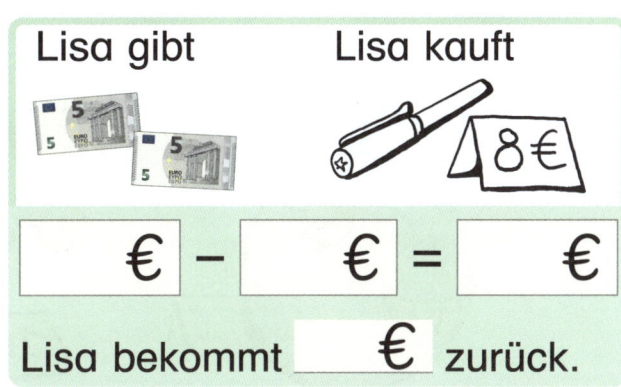

Lisa gibt — Lisa kauft

8 €

$$\boxed{}\text{€} - \boxed{}\text{€} = \boxed{}\text{€}$$

Lisa bekommt ____ € zurück.

2 Berechne das Rückgeld.

Max kauft einen Ball für 4 €.
Er bezahlt mit einem
10-€-Schein.

$$\boxed{}\text{€} - \boxed{}\text{€} = \boxed{}\text{€}$$

Max bekommt ____ € zurück.

Anne kauft ein Buch für 9 €.
Sie bezahlt mit einem
20-€-Schein.

$$\boxed{}\text{€} - \boxed{}\text{€} = \boxed{}\text{€}$$

Anne bekommt ____ € zurück.

3 Lege die Preise fest. Berechne das Rückgeld.

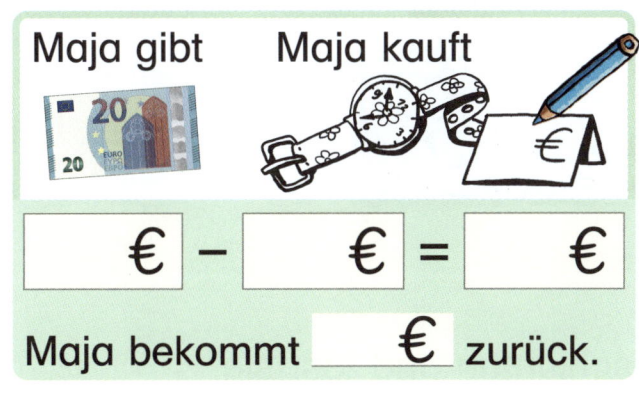

Maja gibt — Maja kauft

€

$$\boxed{}\text{€} - \boxed{}\text{€} = \boxed{}\text{€}$$

Maja bekommt ____ € zurück.

Paul gibt — Paul kauft

$$\boxed{}\text{€} - \boxed{}\text{€} = \boxed{}\text{€}$$

Paul bekommt ____ € zurück.

⭐ zu in Bildern und als Text dargestellten Einkaufssituationen das Rückgeld berechnen und als Minusaufgabe notieren ⭐ selbst passende Preise festlegen

ÜH 64   **57**

1 Suche dir ein anderes Kind. Spielt die Einkaufsgeschichten nach.

> Ich kaufe die Wasserfarben und das Auto. Wie viel muss ich bezahlen?

> Die Wasserfarben und das Auto kosten zusammen 11 Euro.

> Ich habe 2 Sachen gekauft und 15 Euro bezahlt. Was habe ich gekauft?

> Den Hund und den Ball oder die Wasserfarben und den Hampelmann oder ...

2 Suche dir ein anderes Kind.
Erzählt euch eigene Einkaufsgeschichten und löst sie.

D 74

★ zur Sachsituation „Spielwarengeschäft" Rechengeschichten nachspielen und selbst erfinden

1 Schreibe die Rechnung und die Antwort auf.

Patrick kauft eine Armbanduhr für 6€, eine Tüte Bonbons für 2€ und ein Spiel für 12€. Wie viel muss er bezahlen?

Rechnung: _____

Antwort: Er muss _____ bezahlen.

Lena hat 20€. Sie kauft ein Lineal für 3€.
Wie viel Geld hat sie noch?

Rechnung: _____

Antwort: Sie hat noch _____ .

Tim kauft Stifte für 5€. Er gibt dem Verkäufer 20€.
Wie viel bekommt er zurück?

Rechnung: _____

Antwort: Er bekommt _____ zurück.

Meral möchte sich Inliner für 17€ kaufen. Sie hat 10€.
Wie viel muss sie noch sparen?

Rechnung: _____

Antwort: _____

2 Schreibe selbst eine Einkaufsgeschichte mit Rechnung und Antwort.

_____

_____

_____

_____

★ zu Textaufgaben mit unterschiedlichen Fragestellungen Rechnungen und Antwortsätze
ergänzen
★ SF: selbst eine Einkaufsgeschichte mit eigener Frage, Rechnung und Antwort formulieren

1 Ordne Bilder und Zehnerzahlen zu.

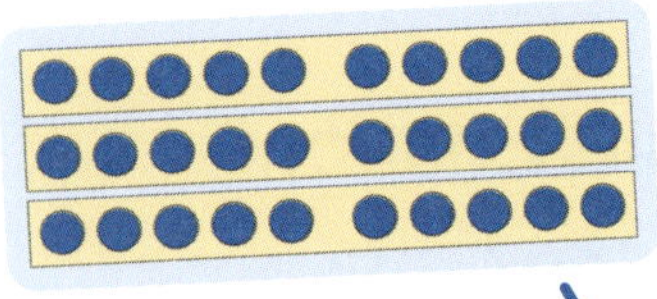

30 sind 3 **Zehner**.

| 30 | 3 Z |

| 90 | 9 Z |

| 40 | 4 Z |

| 80 | 8 Z |

| 20 | 2 Z |

| 100 | 10 Z |

| 60 | 6 Z |

| 50 | 5 Z |

| 70 | 7 Z |

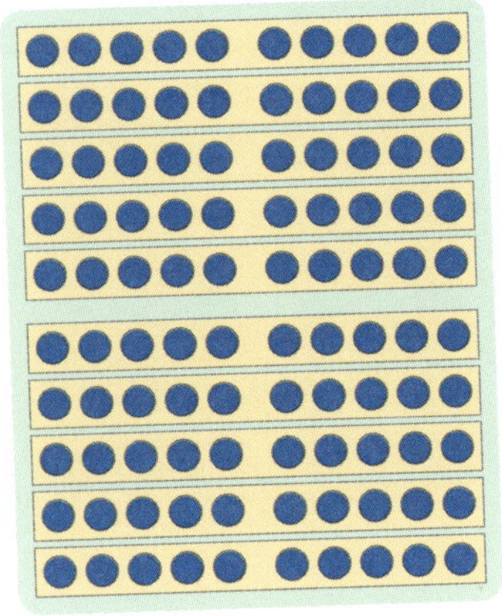

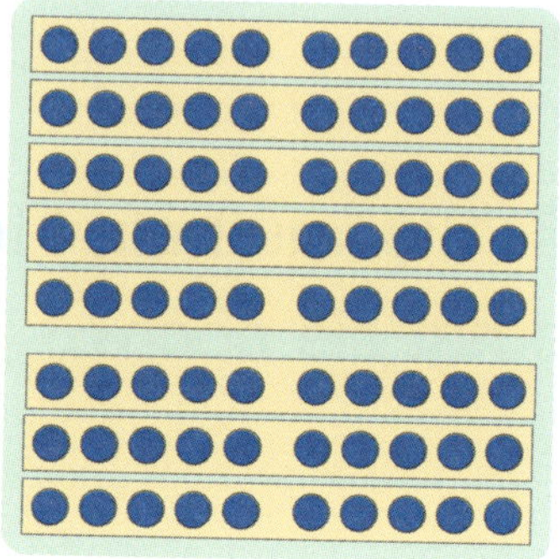

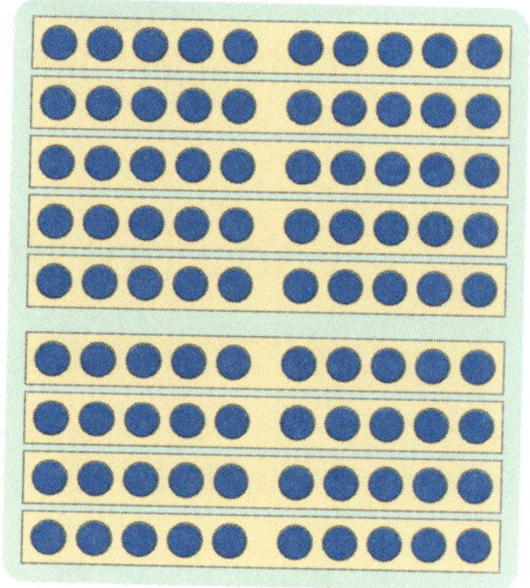

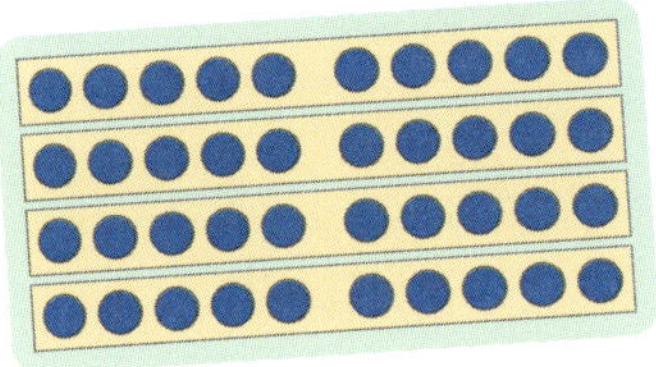

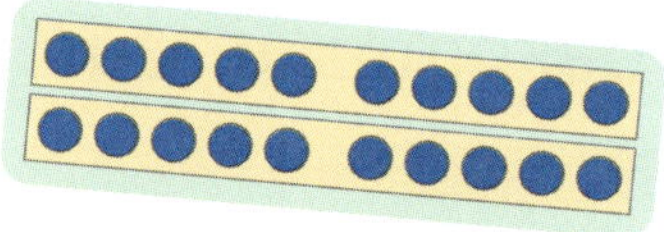

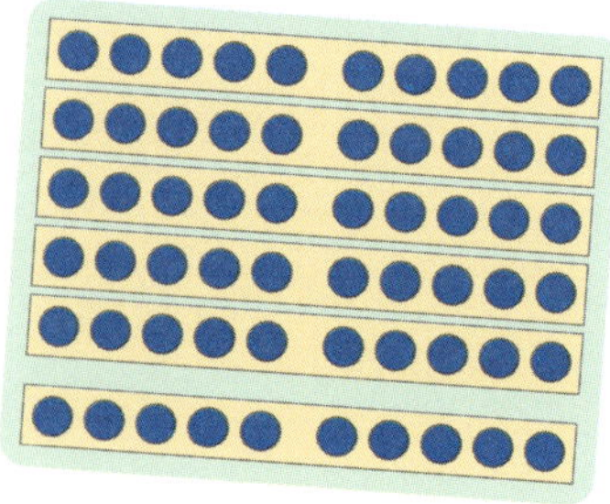

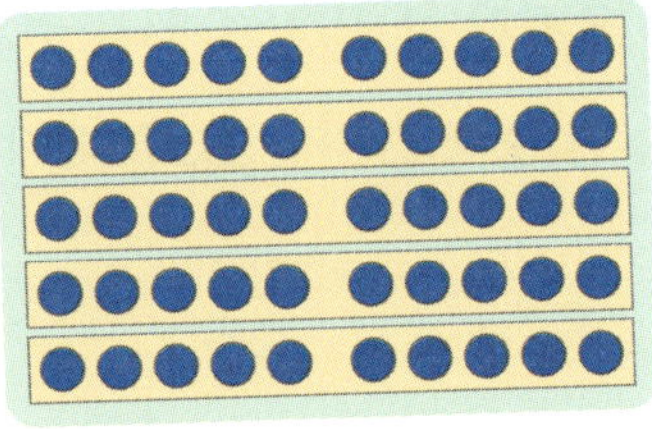

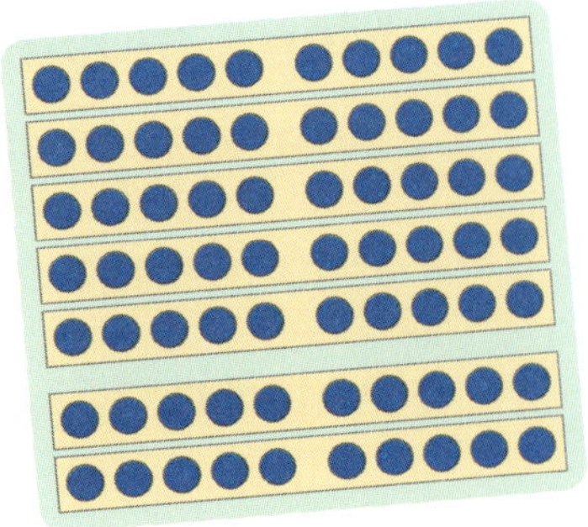

2 Ordne zu.

1 Z 2 Z 3 Z 4 Z 5 Z 6 Z 7 Z 8 Z 9 Z 10 Z

20 10 40 30 70 60 50 90 100 80

1 2 3
B

★ Zehnerzahlen kennenlernen
★ verschiedene Darstellungsformen verbinden

1

2 | Schreibe die passende Zehnerzahl auf.

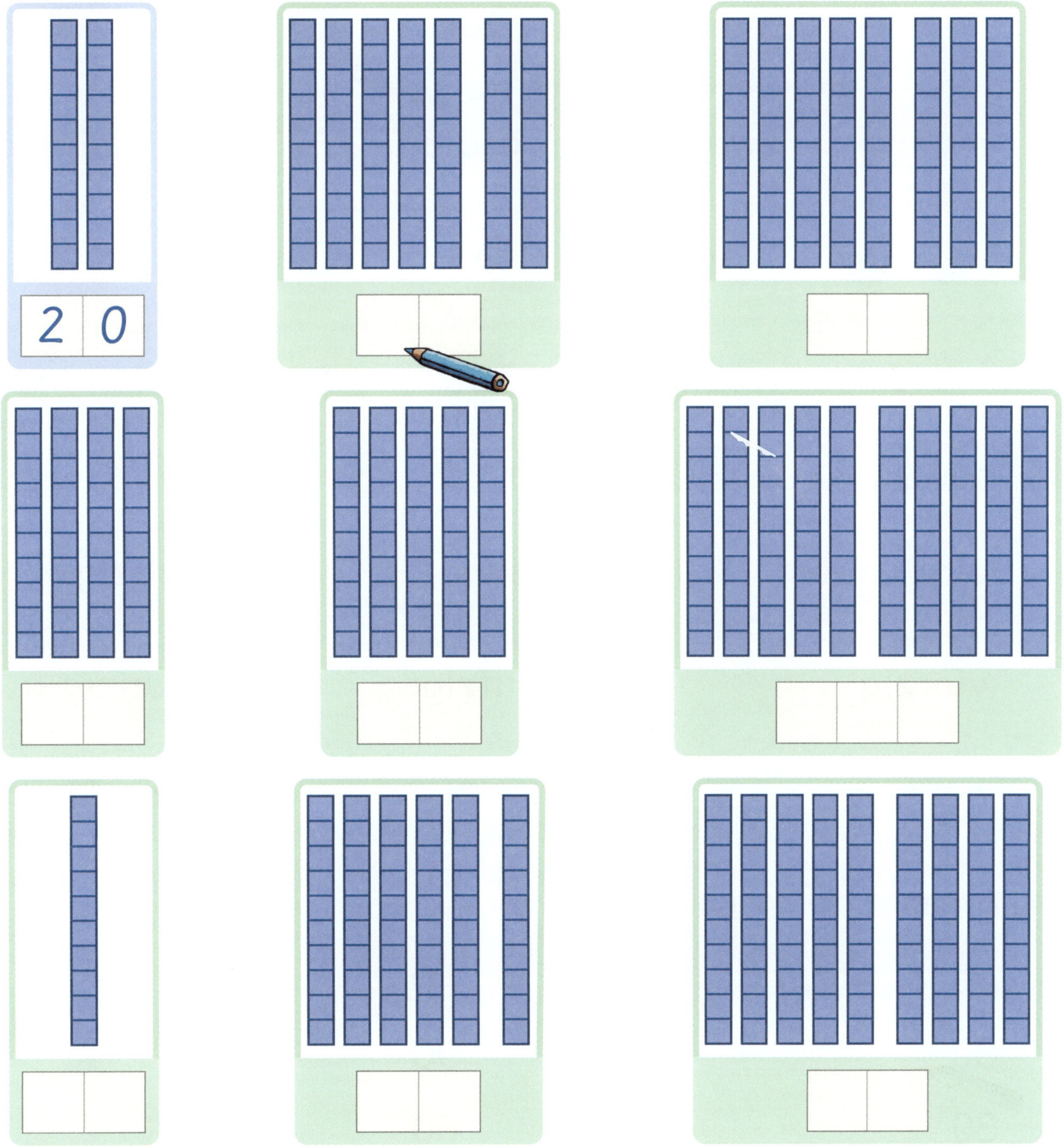

| 2 | 0 |

1

zwanzig

2 Verbinde.

| 30 | siebzig | 20 | sechzig | 60 |

| 50 | zwanzig | dreißig | 70 | achtzig |

| fünfzig | zehn | 80 | vierzig | 10 |

| 40 | neunzig | 100 | 90 | einhundert |

3 Schreibe die passende Zahl auf.

einhundert `100`   zehn ☐   siebzig ☐

vierzig ☐   fünfzig ☐   neunzig ☐

achtzig ☐   dreißig ☐   zwanzig ☐

4 Schreibe die Zahl als Wort.

50 *fünfzig*   40 _____

80 _____   90 _____

30 _____   60 _____

★ SF: Zahlwörter kennenlernen und üben

Themenheft 4

⭐ Rechnen bis 20 ⭐ Sachaufgaben ⭐ Geld

Erarbeitet von: Roland Bauer und Jutta Maurach

Redaktion: Sophie Arndt, Friederike Thomas

Illustration: Yo Rühmer

Grafiken (Scheine und Münzen): Christine Wächter

Umschlaggestaltung: Cornelia Gründer, agentur corngreen, Leipzig

Layout und technische Umsetzung: lernsatz.de

Bildquellen: **Euro-Scheine:** Cornelsen/Christine Wächter/Deutsche Bundesbank. **Euro- und Cent-Münzen-Wertseite:** Cornelsen/Christine Wächter/Deutsche Bundesbank/ Luc Luycx aus Belgien. **Nationale 1- und 2-Euro-Seite:** Cornelsen/Christine Wächter/Deutsche Bundesbank/Heinz Hoyer und Sneschana Russewa-Hoyer. **Nationale 10-, 20-, 50-Cent-Seite:** Cornelsen/Christine Wächter/Deutsche Bundesbank/Reinhart Heinsdorff. **Nationale 1-, 2-, 5-Cent-Seite:** Cornelsen/ Christine Wächter/Deutsche Bundesbank/Prof. Rolf Lederbogen.

www.cornelsen.de

1. Auflage, 3. Druck 2021

Alle Drucke dieser Auflage sind inhaltlich unverändert
und können im Unterricht nebeneinander verwendet werden.

© 2021 Cornelsen Verlag GmbH, Berlin

Druck: AZ Druck und Datentechnik GmbH, Kempten

ISBN 978-3-06-084644-3
ISBN 978-3-06-084664-1 (Themenhefte 1–4 und Diagnose-Sternchen als E-Book)

PEFC zertifiziert
Dieses Produkt stammt aus nachhaltig
bewirtschafteten Wäldern und kontrollierten
Quellen.

PEFC

www.pefc.de

PEFC/04-31-2260

Vorschläge für Plenumsphasen zum vertiefenden Erwerb prozessbezogener Kompetenzen

S. 6   Kinder identifizieren innerhalb einer bereitgestellten Anzahl von Aufgaben diejenigen, für die die Nachbaraufgabe (Verdopplungsaufgabe) eine Rechenhilfe darstellt, und lösen diese

S. 11   Kinder sammeln zu den unterschiedlichen Strategien weitere jeweils passende Plusaufgaben, begründen, vergleichen und bewerten die Zuordnung (→ BigBook: Seite 30)

S. 16   Kinder identifizieren innerhalb einer bereitgestellten Anzahl von Aufgaben diejenigen, für die die Nachbaraufgabe (Halbierungsaufgabe) eine Rechenhilfe darstellt, und lösen diese

S. 21   Kinder sammeln zu den unterschiedlichen Strategien weitere jeweils passende Minusaufgaben, begründen, vergleichen und bewerten die Zuordnung (→ BigBook: Seite 32)

S. 28   Kinder stellen beim Rechnen mit drei Zahlen aufgabenbezogen Strategien vor und begründen jeweils deren Rechenvorteil

S. 33   Kinder beschreiben und begründen Auswirkungen von Veränderung der Zahlen an unterschiedlichen Positionen in den Basissteinen auf den Zielstein

S. 36   Kinder betrachten und beschreiben das Bild, sie identifizieren Fragen, die beantwortbar/nicht beantwortbar sind, und formulieren weitere beantwortbare/nicht beantwortbare Fragen

S. 38   Kinder beschreiben abgebildete Handlungen/Vorgänge und übertragen diese in Plus- oder Minusaufgaben (→ BigBook: Seite 34)

S. 41   Kinder stellen zu vorgegebenen Rechenaufgaben selbst verfasste Rechengeschichten vor und erläutern Zusammenhänge zur vorgegebenen Rechnung

S. 44   Kinder ermitteln dargestellte Geldbeträge in Euro, in Cent sowie in Euro und Cent; sie erkennen, dass „Euro" und „Cent" getrennt erfasst werden (→ BigBook: Seite 36)

S. 46   Kinder beschreiben die unterschiedliche zeichnerische Darstellung von Euro- und Cent-Münzen

S. 48   Kinder stellen möglichst viele verschiedene Möglichkeiten vor, einen vorgegebenen Geldbetrag durch Legen mit Rechengeld darzustellen

S. 56   Kinder spielen Einkaufsgeschichten, sie bezahlen mit einem Geldschein und bestimmen das Rückgeld; zum besseren Verständnis kann der bei der Bezahlung gegebene Geldschein parallel mit der entsprechenden Anzahl von 1-Euro-Münzen gelegt werden

S. 58   Kinder tragen Rechengeschichten vor und andere Kinder finden dazugehörige Rechnungen und Antworten, dabei verwenden sie auch die Begriffe „Gesamtpreis", „Restgeld" und „Rückgeld" (→ BigBook: Seite 38)

Vorschläge für die Förderung von Medienkompetenz

S. 37   Kinder fotografieren passend zu den Rechenoperationen + und – dargestellte Sachsituationen, anschließend erstellen sie mithilfe der Fotos ein Plakat zu + und ein Plakat zu –

S. 41   Kinder gestalten Seiten mit Rechengeschichten und stellen daraus ein Buch zusammen

Synopse zu den Medienkompetenzbereichen

Suchen, Verarbeiten und Aufbewahren	S. 36
Produzieren und Präsentieren	S. 37, 41
Problemlösen und Handeln	S. 27, 33, 35